KB218018

예배자가 알아야 할 찬양의 모든 것

예배자가 알아야할 찬양의 모든 것

영혼의 찬양을 위한 가이드북

김남수 지음

아가페

Contents

Part 2 성경 속 찬양

우리의 소원은 이것뿐입니다

우리의 소원은 이것뿐입니다.
호흡이 있는 날까지 주님을 찬양하는 것입니다.
세상 사람들이 원하는 자기만족을 위한 노래가 아니라
우리가 낮아지고 주님만이 높아지는 노래입니다.

우리의 소원은 좋으신 하나님을 섬기고,
하나님의 교회를 섬기며,
천하보다 귀한 생명을 위하여
예수님의 모든 것을 알리는 것입니다.

우리의 소원은 음악이 아니라 하나님입니다.
하나님이 찬송의 주인이기 때문입니다.
우리의 소원은 음악이 아니라 영적 예배입니다.
하나님이 찬송의 제사를 원하시기 때문입니다.

우리의 소원은 음악이 아니라 찬양입니다.
세상 음악은 없어질 즐거움을 노래하지만,
찬양은 영원한 기쁨이신 하나님을 노래하기 때문입니다.
우리의 소원은 오직 이것뿐입니다!

이 책이 하나님을 기뻐하는 이들에게 영과 마음으로 드리는 찬양 가이드북이 되기 원합니다. 이전에 지은 『최선의 찬양을 최고의 하나님께』(생명의말씀사)에서 여러 부분을 가져와 새롭게 썼습니다. 글을 쓰는 내내 찬양의 본질과 하나님을 찬양하는 이유와 방법을 알고, 하나님 중심의 찬양을 드릴 때 하나님이 기뻐하신다는 사실을 드러내려고 했습니다. 찬양이 회복되어 일상이 거룩한 예배의 처소로 변하고, 함께 드리는 공중예배에 샘솟는 기쁨이 넘쳐 오직 하나님의 영광을 위한 예배자가 되기를 소망합니다.

2019. 7. 1.
글쓴이 김남수

"하나님이여 내 마음을 정하였사오니
내가 노래하며 나의 마음을 다하여 찬양하리로다"

_ 시 108:1

Part 1
찬양하는 그리스도인

I 찬양이란 무엇일까

찬 양 의   정 의
찬양은 하나님을 예배하는 음악입니다

'찬송 샌드위치'라는 말이 있습니다. 예배순서에 '예배에의 부름 - 찬송 - 기도 - 찬송 - 설교 - 찬송 - 봉헌 - 찬송 - 축도'같이 찬송이 순서 사이에 있기 때문에 '찬송 샌드위치'라는 말이 생겨났습니다. 찬송을 여러 번 부르다 보면 있어도 되고 없어도 되는 순서로 착각합니다. 바쁘면 한 절만 부르고, 시간이 남으면 몇 번이고 반복해 불러도 된다고 생각하는 것입니다. 그러나 찬양은 순서를 메우기 위한 보조물이 아니며, 예배를 꾸미기 위한 장식품도 아닙니다.

심지어 찬양대의 찬양을 설교를 돕기 위한 보조로 잘못 생각하기도 합니다. 예배의 모든 순서에는 고유한 가치가 있습니다. 본질적으로 설교와 찬양의 방향은 정반대입니다. 설교는 하나님의 말씀을 대중에게 전하는 것이고, 찬양은 진리이신 하나님께 올려 드리는 것입니다. 그래서 찬양이 설교를 위해 존재한다든가 무엇이 무엇을 위해 존재한다는 것은 말도 안 되는 생각입니다. 찬양은 설교 말씀을 듣기 위해 준비하는 순서가 아니라 예배의 핵심 요소입니다. 찬양은 오직 하나님의 영광을 위해 영적으로 화답하는 노래입니다.

우리는 하나님을 높일 때 찬송, 찬양 또는 찬미한다고 합니다. 사전적 정의에 의하면 찬송은 미덕을 기리며 칭찬하는 것이고, 찬양은 칭찬하여 기리어 드러내는 것이며, 찬미는 아름다운 것을 기리어 칭송하는 것입니다. 우리는 찬송가를 부를 때 찬송한다고 말하지만, 넓은 의미로 모두 같은 뜻으로 사용합니다.

찬양을 정의할 때 중요한 것은 찬양의 대상, 조건, 목적, 내용, 수단, 그리고 예배의 관점에서 생각하는 것입니다. 구체적으로 찬양이란 하나님을 믿는 자들이, 하나님의 은혜에 감사하여, 하나님의 영광을 위해, 주제를 뚜렷이 알고, 음악으로 표현하는 기능예술입니다.[1]

하나님을 믿음으로 찬양해야 합니다 ────

찬양하는 자에게 가장 중요한 것은 찬양의 대상을 알고 찬양하는 것입니다. 찬양의 대상이 불분명하면 다른 곳으로 눈길을 돌리게 됩니다. 대상을 모르면 음악 자체에 반응하거나 자기중심적인 찬양에 머물게 됩니다. 찬양은 즐거움이나 마음의 안정을 얻으려고 부르는 것이 아닙니다. 예배순서를 채우기 위한 장식품도 아닙니다. 잘못된 찬양은 오히려 하나님을 작아지게 만듭니다. 찬양을 은혜의 도구로만 생각하지 말고, 찬양의 대상인 하나님께로 초점을 옮겨야 합니다. 그래서 어거스틴은 시편 148편을 주석하면서 "찬송이란 하나님을 찬양하는 노래"라며 찬양의 대상인 하나님을 강조했습니다.

찬양받기에 합당하신 하나님께서 어떤 찬양을 원하시겠습니까? 어떤 교회는 아름다운 소리를 만들려고 하나님을 믿지 않는 음악인을 아르바이트처럼 고용해 예배하기도 합니다. 하나님이 찾으시는 것은 음악이 아니라, 믿음으로 오직 하나님만을 높이는 찬양입니다. "믿음이 없이는 하나님을 기쁘시게 하지 못하나니 하나님께 나아가는 자는 반드시 그가 계신 것과 또한 그가 자기를 찾는 자들에게 상 주시는 이심을 믿어야 할지니라"(히 11:6)는 말씀을 기억해야 합니다. 믿음 없이는 찬양의 대상을 알 수 없습니다. 믿음 없는 찬양은 단지 공허한 노래일 뿐입니다.

하나님의 은혜에 감사함으로 찬양해야 합니다 ───

바울은 골로새서 3장 16절에서 "시와 찬송과 신령한 노래를 부르며 감사하는 마음으로 하나님을 찬양"할 것을 권면합니다. 또 병행구절인 에베소서 5장 19-20절에서는 "시와 찬송과 신령한 노래들로 서로 화답하며 너희의 마음으로 주께 노래하며 찬송하며 범사에 우리 주 예수 그리스도의 이름으로 항상 아버지 하나님께 감사"하라고 찬양의 조건과 자세에 대해 말합니다. 하나님께 감사하는 마음 없이 하나님을 예배할 수 없습니다. 마찬가지로 감사가 빠진 찬양은 있을 수 없습니다.

그리스도인이 받은 가장 큰 복은 주님의 자녀가 된 것입니다. 영원토록 누릴 수 있는 구원을 받았으니 하나님을 찬양해야 마땅합니다. 진정한 감사는 일시적인 만족에서 오는 것이 아니라 변하지 않는 것에서 옵니다. 주님은 "나의 평안을 너희에게 주노라 내가 너희에게 주는 것은 세상이 주는 것과 같지 아니하니라"(요 14:27)고 말씀하십니다.

지금 당장 어렵고 고난 가운데 있더라도 복의 근원인 신실하신 하나님이 함께하시니 찬양할 수 있습니다. 우리가 부르는 찬양은 환경을 넘어선 감사의 고백이어야 합니다. 찬양은 우리가 멈출 수 없는 감사를 표현하는 곡조가 되어야 합니다.

하나님의 영광을 위해 찬양해야 합니다 ───

하나님의 창조와 구속의 목적은 하나님의 영광을 위한 것입니다. 그러므로 그리스도인의 삶의 목적은 하나님의 영광을 위한 것이어야 합니다. 바울은 "무엇을 하든지 다 하나님의 영광을 위하여 하라"(고전 10:31)고 말합니다. 또 "너희 몸은 너희가 하나님께로부터 받은 바 너희 가운데 계신 성령의 전인 줄을 알지 못하느냐 너희는 너희 자신의 것이 아니라 값으로 산 것이 되었으니 그런즉 너희 몸으로 하나님께 영광을 돌리라"(고전 6:19-20)고 강조합니다.

예배의 목적도 찬양의 목적도 기도의 목적도 삶의 목적도 오직 하나님께 영광을 돌려 드리는 것입니다. 하나님이 하시는 모든 일의 목적은 그 영광을 보존하고 드러내는 데 있습니다.[2] 찬양은 피조물이 행하는 수많은 활동 가운데 하나님의 영광을 드러내기 위한 좋은 도구이며 그 자체입니다.

웨스트민스터 소요리문답 1번은 "인간의 제일 되는 목적은 하나님을 영화롭게 하고 그분을 영원토록 즐거워하는 것"이라고 말합니다. 이것은 하나님을 예배하고 찬양하는 삶, 즉 삶의 목적을 말하고 있습니다. 하나님을 앎으로써 하나님을 기뻐하고 즐거워하는 것이 예배이며 찬양입니다. 우리가 표현하는 모든 찬양은 하나님을 즐거워하는 것이어야 합니다.

바흐는 작곡을 시작할 때 "오직 하나님의 영광을 위해!"(Soli Deo Gloria!)라고 적었고, 작업을 마친 후에도 끝낸 날짜를 쓰고 같은 문구를 오선지에 적었습니다. 이처럼 우리는 오직 하나님의 영광을 위해 찬양해야 합니다.

주제를 뚜렷이 알고 찬양해야 합니다 ──

찬양은 가사에 따라 크게 두 가지로 나눌 수 있습니다. 하나님께 드리는 내용과 사람에게 전하는 내용입니다. 가사에 집중하지 않으면 무엇을 노래하는지 모릅니다. 설교자가 메시지의 주제를 모르고 원고대로 읽는다고 생각해 보십시오. 상상조차 할 수 없는 일입니다. 찬양하는 자가 내용을 모르고 노래한다면 앵무새와 다를 바가 없습니다. 지난주에 불렀던 찬양을 떠올려보십시오. 어떤 주제를 노래했습니까? 가사 내용이 하나님을 향했습니까, 회중을 향했습니까?

교회음악가 데이비스(James P. Davies)는 "찬송은 하나님에 관하여 하나님께 아뢰는 노래이고, 인간에 관하여 하나님께 아뢰는 노래이며, 하나님에 관하여 인간에게 말하는 노래"라고 정의했습니다.[3] 이처럼 찬양에는 하나님의 속성을 찬양하는 것, 우리의 연약함과 필요한 것을 구하는 것, 하나님이 행하신 위대한 사역을 증거하는 것이 있습니다. 그러므로 습관적인 노래 부르기에서 벗어나 가사의 주제를 뚜렷이 알고 찬양해야 합니다.

또 찬양할 때 음악에 마음을 빼앗기는 경우가 있습니다. 물론 음악은 가사를 역동적으로 표현하기 때문에 음악과 가사를 분리하면 안 됩니다. 그러나 우리가 내용을 분명하게 표현할 수 있는 것은 가사입니다. 좁은 의미의 찬양은 하나님께 올려 드리는 것을 말하며, 넓은 의미의 찬양은 성도를 권면하고 가르치며 증거하는 노래, 즉 간접적으로 하나님을 찬양하는 것입니다.

찬양은 음악으로 표현해야 합니다 ———

성경은 "여호와께서 아벨과 그의 제물은 받으셨으나 가인과 그의 제물은 받지 아니하신지라"(창 4:4-5)라고 말합니다. 하나님께서 예배자인 아벨과 그의 제물을 받으셨습니다. 하나님이 아벨을 받으신 것은 예배자의 중심을 받으신 것입니다. 찬양의 제물은 영과 마음으로 드려야 하는데, 이것은 중심을 말합니다. 어떻게 우리의 중심을 하나님께 드릴 수 있을지에 관심을 쏟아야 합니다.

목소리로 부르는 노래와 악기연주는 우리의 중심을 하나님께 드리기 위한 효과적인 표현 수단입니다. 음악은 최선을 다해 아름답게 표현하며, 기능적으로 하나님을 높일 수 있는 좋은 도구입니다. 다윗은 쫓기면서도 "여호와는 나의 힘과 나의 방패이시니 내 마음이 그를 의지하여 도움을 얻었도다 그러므로 내 마음이 크게 기뻐하며 내 노래로 그를 찬송하리로다"(시 28:7)라고 찬양했습니다. 또 "내가 노래로 하나님의 이름을 찬송하며 감사함으로 하나님을 위대하시다 하리니"(시 69:30)라며 하나님을 높였습니다. 성경은 많은 곳에서 목소리와 악기로 찬양하는 것을 보여줍니다. 찬양의 수단으로 음악을 강조한 것은 우리의 마음을 음악으로 손쉽게 표현할 수 있기 때문입니다.

찬양은 기능예술이어야 합니다 ———

찬양은 예배에서 기능을 합니다. 찬양의 본질적인 기능은 하나님을 영화롭게 하는 것입니다. 그래서 우리는 음악으로 하나님의 속성을 찬양합니다. 하나님께 아뢰는 경우 가사를 곡조에 담아 간절히 기도를 드립니다. 또 하나님의 말씀을 음악에 실어 선포하는 도구로 찬양을 사용하기도 합니다. 그리스도인은 찬양을 통해 생각과 감정을 표현하며, 믿는 것을 다른 사람에게 전합니다. 그리고 찬양을 통해 친밀한 교제를 나누고 교리를 배웁니다. 개인이 드리는 삶의 예배에서도 찬양하는 삶을 통해 믿음의 생활을 누립니다.[4]

이와 같이 예배에서 찬양은 드림의 기능, 대화의 기능, 변화의 기능을 감당해야 합니다. 찬양이 기능을 상실하면 아무 가치가 없습니다. 결국에는 찬양이 예배의 장식품으로 변질되어 찬양의 능력을 잃게 됩니다. 그러므로 어떤 찬양이든지 예배하도록 기능해야 합니다. 공중예배에서 찬양이 기능을 감당하기 위해서는, 찬양을 부르는 자나 듣는 자가 이해하고 함께할 수 있는 가사와 음악이어야 합니다.

찬 양 의 방 향
찬양에는 두 방향이 있습니다

신학자 제닝스(Theodore Jennings)는 "현대 교회는 예배 개혁이 필요하다. 가장 시급한 것은 하나님께 아뢰는 것과 사람에게 말하는 것을 구분하는 것"이라고 말했습니다.[5] 꼬집어 말하면, 찬양의 방향이 분명해야 한다는 것입니다. 찬양은 직접적으로 하나님을 찬양하는 것이 대부분이지만, 음악으로 말씀을 선포함으로써 권면, 간증 또는 격려할 수 있습니다.

성경은 찬양의 두 가지 방향에 관해 말합니다. 바울은 골로새서 3장 16절에서 "피차 가르치며 권면하고 시와 찬송과 신령한 노래를 부르며 감사하는 마음으로 하나님을 찬양"하라고 말합니다. 두 방향은 '하나님께'와 '피차'입니다. 찬송을 예로 들면, "전능왕 오셔서"(10장)는 하나님을 향한 노래이고, "나 같은 죄인 살리신"(305장)은 회중을 향해 증언하는 찬송입니다. 이처럼 모든 찬양에는 방향이 있습니다.

실제로 찬양대원, 회중, 악기연주자 또는 독창자가 찬양의 방향을 의식하지 않고 연주할 때가 많습니다. 가사의 내용에 집중하지 않고 습관적으로 노래하기 때문입니다. 방향을 모르고 노래하는 것은 목적지 없이 노 젓는 뱃사공과 같습니다. 이것은 음악이 갖고 있는 맹점이기도 합니다.

생각하기 전에 가슴으로 먼저 느끼는 것이 음악입니다. 음악은 이성보다도 감성을 자극하기 때문입니다. 한번 생각해 보십시오. 당신이 좋아하는 찬송이나 예배합창곡이 있다면 왜 좋아하십니까? 좋아하는 이유가 가사 때문입니까, 아니면 음악 때문입니까?

모두 그런 것은 아니지만 가사보다도 음악 때문에 좋아하는 경우가 많습니다. 언젠가 세미나에서 찬양대 지휘자들에게 좋아하는 합창곡과 그 이유를 물어본 적이 있습니다. 대부분이 가사를 무시하지 않지만 음악 때문에 좋아한다고 했습니다. 저 역시 부인할 수 없는 사실입니다. 그래서 찬송을 선곡할 때 곡조 없는 가사판 찬송가책을 보며 음악의 유혹에서 벗어나려고 노력한 적도 있습니다. 물론 가사와 음악을 함께 고려해야 합니다. 그러나 음악 때문에 가사를 지나치면 안 됩니다.

찬양의 방향은 노랫말을 이해할 때 가능합니다. 노랫말을 이해하고 노래할 때, 방향을 알고 대상에게 초점을 맞출 수 있습니다. 헌금을 하나님께 드리는 것이 아니라 사람에게 과시하기 위해 드린다면 얼마나 우스운 일입니까. 설교를 하나님께 선포한다면 또 어떻겠습니까. 봉헌은 언제나 하나님께 드리는 것이며, 메시지는 예배자에게 선포하는 것입니다.

찬양은 봉헌이나 설교와 다릅니다. 골로새서 3장 16절 말씀처럼 찬양에는 '하나님께' 또는 '사람에게'(피차) 선포하는 두 방향이 있습니다. 가사에 집중해야 방향을 알 수 있습니다. 그렇지 않으면 음악이라는 감성적 요소가 더해지기 때문에 가사의 방향을 잃어버릴 수 있습니다. 찬양의 방향이 뚜렷할 때 예배에서 찬양이 제 역할을 감당하게 됩니다.

우리는 음악을 통해 감정과 생각을 나타냅니다. '누구를 향해 무엇을 표현하는가?' '메시지의 대상이 하나님인가, 성도인가, 교회 안의 지체들인가?' '세상을 향한 복음의 메시지인가?' 우리는 가사의 대상을 명확히 알고 찬양해야 합니다.

교회음악가 후퍼(William L. Hooper)는 "찬양대는 회중과 함께(with the people), 회중을 대표하여(for the people), 회중을 향해(to the people) 노래한다"고 했습니다.[6] 만일 당신이 찬양대원이라면 가사에 따라 '회중과 함께' 하나님을 향해 찬양을 올려 드리십시오. 기도인도자가 대표기도를 하듯 '회중을 대표하여' 하나님께 영광을 돌리십시오. 또는 '회중을 향해' 담대히 선포하십시오.

이같이 가사의 내용에 따라 대상이 누구인지 분명히 알아야 합니다. 다시 말해, 가사의 방향이 '하나님께' 향해 있으면 하나님께 집중해 찬양을 드리십시오. 가사의 방향이 '피차'라면 회중을 향해 열정적으로 선포하십시오.

찬양은 우리의 믿음을 표현하게 합니다[7]

찬양은 하나님을 찬양하는 도구, 곡조 있는 기도, 헌신을 다짐하는 도구입니다. 또 곡조로 하나님의 말씀을 선포하는 도구이기도 합니다. 찬양의 가치는, 하나님의 형상대로 지음받은 인간이 악기가 되어 어떤 피조물도 흉내낼 수 없는 소리로 하나님을 의도적으로 높이는 것입니다. 우리가 믿는 것을 하나님께, 성도들에게 그리고 세상을 향해 표현할 수 있습니다. 이러한 찬양은 믿음의 공동체뿐 아니라 개인의 삶 가운데서도 믿음으로 승리하게 합니다.

찬양은 믿음을 표현하게 합니다 ———

아주 짧은 복음성가인 "좋으신 하나님"을 노래해도 1절을 끝내기 전에 눈물이 고인다는 어느 성도의 간증을 들은 적이 있습니다. 진리의 말씀을 노래에 실어 믿음으로 고백했기 때문입니다. 종교개혁가 루터는 "음표는 가사를 살아 움직이게 한다"고 말했습니다. 음악은 가사가 내포한 진리를 생생하게 표현해 준다는 말입니다. 찬양의 가치는 노래하는 사람의 믿음을 음악에 실어 표현하는 데 있습니다.

히브리서 11장 6절에서 "믿음이 없이는 하나님을 기쁘시게 하지 못하나니 하나님께 나아가는 자는 반드시 그가 계신 것과 또한 그가 자기를 찾는 자들에게 상 주시는 이심을 믿어야 할지니라"고 말합니다. 또 4절은 믿음으로 아벨은 가인보다 더 나은 제사를 하나님께 드려 의로운 자라는 증거를 얻었다고 말합니다. 찬양은 가사로 표현한 것을 넘어 영과 마음으로 믿음을 고백하게 합니다.

마음으로 동의하는 것과 입으로 노래함으로써 시인하는 것은 표현에 차이가 있습니다. 찰스 웨슬리가 "만 입이 내게 있으면 그 입 다 가지고 내 구주 주신 은총을 늘 찬송 하겠네"(23장)를 노래하지 않았다면, 우리가 이렇게 아름다운 가사로 깊은 믿음을 표현할 수 있겠습니까!

찬양은 말씀을 선포하는 도구입니다 ———

말씀은 설교, 성경봉독 또는 찬양 등을 통해 선포됩니다. 오직 설교만이 말씀 선포의 수단이라는 것은 잘못된 생각입니다. 찬양은 짧지만 말씀을 곡조에 실어 선포하는 강력한 도구입니다. "너희는 시온에 계신 여호와를 찬송하며 그의 행사를 백성 중에 선포할지어다"(시 9:11)처럼, 그리스도인은 하나님을 향해 찬양을 드리고, 하나님의 사역을 사람들에게 선포함으로 하나님께 영광을 돌려야 합니다.

찬양은 가사의 내용에 따라 말씀을 선포하는 선지자의 마음으로, 하나님께 드리는 감사, 헌신, 경외, 찬양의 표현으로, 다른 이를 사랑하는 뜨거운 마음으로, 자신이 믿는 바를 다른 사람에게 전하는 자세로 불러야 합니다. 이것이 왕 같은 제사장으로 택함받은 찬양하는 자들이 감당해야 할 사명입니다.

찬양은 마음을 하나로 만듭니다

음악에는 하나로 모으는 힘이 있습니다. 더 나아가 영과 마음으로 드린 찬양은 영적으로 하나가 되게 합니다. 회중이 한 목소리로 찬양할 때 예배자들의 마음이 하나로 모입니다. 이것은 음악을 통해 이루어지는 예배자와 하나님의 거룩한 연합이며, 성도들을 정서적인 통합으로 이끕니다. 성도들의 감정이 하나가 되어 하나님의 임재를 느끼면서, 넘치는 기쁨과 기대감 그리고 경외감으로 나타납니다. "이제 인내와 위로의 하나님이 너희로 그리스도 예수를 본받아 서로 뜻이 같게 하여 주사 한마음과 한 입으로 하나님 곧 우리 주 예수 그리스도의 아버지께 영광을 돌리게 하려 하노라"(롬 15:5-6).

"성도의 모임 가운데에서 찬양할지어다"(시 149:1)라는 말씀처럼 하나님은 모임 가운데서 찬양할 것을 명령하십니다. 성도들이 하나 되어 하나님께 영광 돌리는 것은 찬양의 궁극적인 목적입니다.

찬양은 좋은 교육 도구입니다 ───

찬양을 통해 하나님을 배우고, 반복해 불러서 기억된 말씀은 마음속 깊이 자리 잡게 됩니다. 바울은 "그리스도의 말씀이 너희 속에 풍성히 거하여 모든 지혜로 피차 가르치며 권면하고 시와 찬송과 신령한 노래를 부르며 감사하는 마음으로 하나님을 찬양하고"(골 3:16)라고 말합니다. 이것은 찬양하면서 서로 가르치고 권면할 것을 강조한 것입니다.

그리스도인은 찬양을 통해 스스로 교육합니다. 우리는 삼위일체 하나님에 대해 알기 전에 "거룩 거룩 거룩 자비하신 주여, 성삼위일체 우리 주로다"라고 고백해 왔습니다. 이미 삼위일체 교리를 배우기 전에 입으로 시인하여 삼위일체 하나님을 찬양한 것입니다. 예를 들면, 시편 23편에서 가져온 가사로 "여호와는 나의 목자"라고 자연스럽게 고백합니다. 성경말씀에서 가져온 찬양을 부르는 동안 우리 자신도 모르게 교육되는 것입니다. 이 말씀들이 생생하게 살아나 믿음으로 승리하도록 이끌어갑니다.

신학자 바르트(Karl Barth)는 음악으로 성경을 가르치는 교육의 중요성에 대해 "찬송가책은 내가 철부지 시절이었던 때 처음으로 신학교육을 받은 교과서였다"고 회상했습니다.[8]

찬양은 하나님을 향하게 합니다 ———

찬양의 목적은 하나님께 초점을 맞추고, 하나님을 영화롭게 하는 것입니다. 예배자의 마음이 하나님을 향한다는 것은 찬양, 경배, 감사, 간구 등의 마음을 가지고 하나님을 전적으로 신뢰하는 것을 의미합니다. 시편기자는 "내 영혼아 네가 어찌하여 낙심하며 어찌하여 내 속에서 불안해 하는가 너는 하나님께 소망을 두라 그가 나타나 도우심으로 말미암아 내가 여전히 찬송하리로다"(시 42:5)라고 낙망 중에 하나님을 바라보았습니다.

루터는 종교개혁을 할 당시 수많은 어려움으로 좌절할 수밖에 없었습니다. 그러나 그는 어떤 핍박이나 회유에도 굴복하지 않았습니다. 루터가 종교개혁을 성공적으로 이끌 수 있었던 것은 찬양하며 오직 하나님만 바라보았기 때문입니다. "내 주는 강한 성이요 방패가 병기되시니"라는 믿음의 고백이 승리를 가져오게 한 것입니다.

바 울 의   찬 양 관
영과 마음으로 찬양해야 합니다 [9]

예수님과 사마리아 여인의 대화에서, 여인은 예배를 드리러 그리심산으로 가야 하는지 예루살렘으로 가야 하는지 묻습니다. 예배 장소, 시간, 수단과 방법 같은 보이는 것에 대해 물은 것입니다. 그런데 예수님은 예배의 본질에 대해 말씀하십니다.

우리는 사마리아 여인같이 보고 듣는 찬양에 관심이 있습니다. 찬양단을 어떻게 구성해야 할지, CCM 복음성가를 불러야 할지 전통 찬송가를 불러야 할지, 오르간이나 전자악기를 사용할지 오케스트라를 구성할지, 성경에 나오는 심벌즈가 괜찮다면 드럼은 어떨지 등…. 찬양은 예배와 마찬가지로 장소의 개념이 아닙니다. 수단과 방법의 개념도 아닙니다. 하나님만이 찬양의 목적이고 수단이고 방법입니다.

구약시대나 신약시대의 찬양에 대한 문제점은 영적인 데 있었습니다. 그들의 관심이 내용에 있지 않고 형식에 있었던 것입니다. 찬양에 대한 관심이 찬양 자체가 아니라 소리가 우선시 될 때 문제가 생깁니다. 하나님의 관심이 우리의 중심에 있기 때문입니다.

찬양에 대한 바울의 권면은 단호합니다. 바울은 사도행전 16장 25-26절, 로마서 15장 9-11절, 고린도전서 13장 1절, 14장 7-8절, 15절, 26절, 15장 52절, 에베소서 1장 3-6절, 5장 19-21절, 골로새서 3장 16절 등에서 찬양에 대해 언급합니다. 신약의 마지막 책인 요한계시록은 천상의 찬양을 말하며, 전능하신 구원자인 주님을 향한 영원한 찬양의 시로 마무리합니다.

이렇게 찬양을 구체적으로 요구하는 이유를 성경에서 찾을 수 있습니다. "내가 영으로 기도하고 또 마음으로 기도하며 내가 영으로 찬송하고 또 마음으로 찬송하리라"(고전 14:15). 즉 '영'(sprit)과 '마음'(mind, understanding)으로 찬양한다는 것입니다. 하나님은 영이시므로 영으로 드리는 찬양을 찾으십니다. 성령과 말씀으로 충만할 때 육을 강조하지 않고 영으로 노래할 수 있습니다. 성령님의 도우심으로 우리는 영으로 찬양할 수 있습니다. 마음으로 부르는 찬양이란 마음, 즉 이성과 이해함으로 노래하는 것을 말합니다. 가사를 이해할 때 믿음으로 고백할 수 있습니다.

"거룩 거룩 거룩 전능하신 주여"라고 찬양할 때, 우리는 거룩하지 않지만 거룩하신 주님을 알고 찬양해야 합니다. "전능하신 주여"를 부를 때는 주님의 전지전능하심을 믿음으로 고백해야 합니다. 사실 영과 마음은 구별되지만 긴밀한 관계 안에 있습니다. 골로새서 3장 16-17절과 에베소서 5장 18-20절에서 바울은 영과 마음으로 부르는 찬양을 위해 찬양하는 자의 영적인 상태, 찬양의 종류, 기능, 자세, 방법을 제시합니다.

성령 충만, 말씀 충만

바울은 찬양의 목적과 기능을 언급하기 전에 "성령으로 충만함을 받으라"(엡 5:18)고 말합니다. 성령의 도움 없이는 영적인 찬양을 드릴 수 없습니다. 또 그리스도의 말씀이 우리 속에 풍성히 거할 때(골 3:16) 영으로 찬양할 수 있습니다. 하나님은 말씀과 성령으로 충만한 자의 찬양을 원하십니다. 믿음으로 구원받은 성도들은 성령으로 충만해야 합니다. 노래가 능력이 있는 것이 아니라, 믿음이 능력이 있기 때문입니다.

성령으로 거듭난 사람이 하나님을 찬양할 수 있습니다. 영으로 찬양하지 않으면 아무리 경건한 모습으로 찬양해도 그것은 단지 노래일 뿐입니다. 중심이 하나님을 향하지 않으면 영적인 찬양이 아니기 때문입니다. '내 삶이 하나님 중심이 아니라 나 중심으로 살고 있는데, 내가 드리는 찬양을 하나님이 받으실까?' '일주일간의 삶을 하나님께 드리지 못했는데, 주일에 드리는 찬양을 하나님이 받으실까?' 이렇게 스스로 질문해 보는 것은 중심에 대해 생각하려는 것입니다.

하나님은 중심을 보십니다. 하나님은 믿음 없이 드리는 찬양을 경고하십니다. "너희가 내게 번제나 소제를 드릴지라도 내가 받지 아니할 것이요 너희의 살진 희생의 화목제도 내가 돌아보지 아니하리라 네 노랫소리를 내 앞에서 그칠지어다 네 비파 소리도 내가 듣지 아니하리라"(암 5:22-23). 세상에 취하지 않고 성령으로 가득할 때 하나님이 원하시는 찬양을 드릴 수 있습니다.

시, 찬송, 신령한 노래 ────

시(psalms)는 기본적으로 시편 또는 이와 비슷한 형태의 노래를 말합니다. 찬송(hymns)은 교리를 가르치며 기독교 신앙을 삶에 적용하는 노래입니다. 많은 학자들은 에베소서 5장 14절, 빌립보서 2장 5-11절, 디모데전서 3장 16절, 디모데후서 2장 11-13절, 디도서 3장 14절, 요한계시록 4장 11절 등이 초대 교회에서 불린 찬송이라고 말합니다.

바울이 언급한 찬송은 일반적으로 하나님께 드리는 노래입니다. 신령한 노래(spiritual songs)는 오늘날 복음성가에 상응하는 노래로, 성령의 감동으로 부르는 영적 노래입니다. 초기 그리스도인에게 신령한 노래는 자연스러운 표현이었으며, 개인적이고 황홀한 경험에서 온 것이었습니다.[10]

시와 찬송 그리고 신령한 노래는 회중이 부르는 찬양입니다. 바울이 "너희가 모일 때에 각각 찬송시도 있으며 가르치는 말씀도 있으며 계시도 있으며 방언도 있으며 통역함도 있나니 모든 것을 덕을 세우기 위하여 하라"(고전 14:26)고 권면한 것을 보아 알 수 있습니다. 세 종류의 찬양은 다양한 형태의 찬양이 존재하는 현대 교회에 주는 교훈이 큽니다.

하나님께, 사람에게 ────

바울이 골로새서 3장 16절에서 언급한 "하나님을 찬양하고"와 "피차 가르치며 권면하고"는 찬양의 본질과 기능에 대한 강조입니다. 바울은 찬양의 목적을 분명히 말합니다. 찬양의 궁극적인 목적은 오직 하나님을 영화롭게 하는 것입니다.

"하나님을 찬양하고"와 "피차 가르치며 권면하고"는 앞서 말했듯 찬양의 대상이 두 방향임을 말합니다. 즉, '하나님께'(to God)와 '사람에게'(to Man)입니다. 가사 내용에 따라 하나님께 드리는 찬양과 회중을 가르치며 권면하는 찬양이 있습니다. 예수님은 기도할 때 중언부언하지 말라고 말씀하셨는데, 찬양도 대상을 모르면 중언부언할 수밖에 없습니다. 우리는 가사의 방향을 알고 대상을 향해 노래해야 합니다. 즉, 하나님께 드리는 찬양인지, 피차 사람에게 부르는 노래인지 구별해서 불러야 합니다.

감사하는 마음 ———

"그를 힘입어 하나님 아버지께 감사하라"(골 3:17), "항상 아버지 하나님께 감사하며"(엡 5:20)라는 말씀처럼 감사하는 마음으로 찬양해야 합니다. 감사는 조건을 가지고 하는 것이 아닙니다. 감사하는 마음이 찬양의 조건이 되어야 합니다. 세상에서 누릴 수 있는 환경에 감사하는 것보다, 하나님의 특별하신 구원의 은혜에 감사해야 합니다.

주님은 존귀와 영광과 찬송을 받기에 합당하신 분입니다(계 5:12). 감사 없는 찬양, 찬양 없는 예배, 예배 없는 진정한 감사는 있을 수 없습니다. 각 단어의 표현이 다를 뿐이지 찬양과 감사 그리고 예배는 하나님을 영화롭게 합니다. 우리는 하나님께 감사하는 마음으로 찬송과 존귀와 영광을 영원토록 돌려야 합니다.

예수 그리스도의 이름으로 ———

성경은 "또 무엇을 하든지 말에나 일에나 다 주 예수의 이름으로 하고"(골 3:17), "범사에 우리 주 예수 그리스도의 이름으로"(엡 5:20) 하라고 말합니다. 또 "예수께서 이르시되 내가 곧 길이요 진리요 생명이니 나로 말미암지 않고는 아버지께로 올 자가 없느니라"(요 14:6), "사람이 마음으로 자기의 길을 계획할지라도 그의 걸음을 인도하시는 이는 여호와시니라"(잠 16:9)고 말합니다. 우리는 기도할 때마다 '예수님의 이름으로 기도합니다'라고 고백합니다. 기도와 찬양뿐 아니라 삶의 모든 일도 예수님의 이름으로 행해야 합니다.

2 어떻게 기도하고
찬양해야 할까

하나님의 관심은 '무엇'이 아니라 '누구'입니다

한 후배와 점심을 같이 하는데, 후배가 살면서 일어난 재미있는 이야기를 들려주었습니다. 아내가 새벽기도를 간 사이 한 번도 깨지 않던 젖먹이 아이가 우는 바람에, 그날은 새벽잠을 설쳤다는 것입니다. 후배는 아이가 칭얼대자, 엄마 젖을 빨며 평안히 자던 아이가 생각나 아빠의 젖을 물렸나 봅니다. 하도 급하니까 시도한 모양인데 어디 통할 일입니까. 같은 경험이 있는 선배로서 한마디 했습니다. "아이가 찾은 것은 젖이 아니라, 바로 엄마지!"

하나님의 관심은 '무엇'(what)이 아니라 '누구'(who)입니다. 영적인 찬양은 드리는 음악에 대한 문제가 아니라 드리는 자의 믿음에 달려 있습니다.

바울은 기도와 찬양에 대해 "내가 영으로 기도하고 또 마음으로 기도하며 내가 영으로 찬송하고 또 마음으로 찬송하리라"(고전 14:15)고 말합니다. 여기서 중요한 것은, 기도하고 찬양할 때 같은 마음가짐과 방법으로 할 것을 요구한다는 것입니다. 기도뿐 아니라 찬양도 영과 마음으로 하라고 합니다. 기도 속에 찬양이 있고, 찬양 속에 기도가 들어있습니다. 시편은 여러 곳에서 찬양과 기도가 함께 나타남을 보여줍니다. 한마디로 찬양은 곡조 있는 기도이며, 기도는 곡조 없는 찬양이기도 합니다.

주기도문의 시작과 끝을 보십시오. "하늘 계신 우리 아버지여, 이름이 거룩히 여김을 받으시오며 … 나라와 권세와 영광이 아버지께 영원히 있사옵나이다." 주기도문은 이렇게 찬양으로 시작해 찬양으로 마칩니다. 반대로 수많은 찬양을 떠올려보십시오. "복의 근원 강림하사"(28장) 3절을 보십시오. "주의 귀한 은혜 받고 일생 빚진 자 되네. 주의 은혜 사슬되사 나를 주께 매소서. 우리 맘은 연약하여 범죄하기 쉬우니 하나님이 받으시고 천국 인을 치소서." 찬양에 얼마나 많은 기도와 간구가 들어있습니까!

우리는 찬양으로 기도의 문을 열고, 기도로 더욱 깊이 찬양과 경배로 들어갑니다. 기도와 찬양은 세트처럼 뗄 수 없는 관계입니다. 바울과 실라가 감옥에서 기도하고 찬양할 때 옥문이 열리고 복음이 전파되는 기적이 일어났습니다(행 16:25-26). 우리도 고난 중에 있을 때든 즐거움이 끊이지 않을 때든 기도와 찬양을 드려야 합니다(약 5:13). 여호사밧이 치른 기이한 전쟁도 기도와 찬양의 승리였습니다(대하 20:1-23). 시편은 온통 찬양과 기도로 가득합니다. 기도하는 자가 찬양하지 않고, 찬양하는 자가 기도하지 않는 경우는 없습니다. 한마디로 기도와 찬양은 분리할 수 없습니다. 찬양과 기도 속에 놀라운 하나님의 능력이 있습니다.

영과 마음으로 드리는 찬양과 기도는 진지하고 적극적이어야 합니다. 사람이 듣기에 아름다운 소리로 기도하고 찬양하더라도, 드리는 자의 관심이 하나님을 향한 '영과 마음' 밖이라면 공허한 소리일 뿐입니다. 찬양과 기도는 예배 중에 있는 형식적인 순서가 아니라 영과 마음으로 드리는 고백이기 때문입니다.

그러므로 하나님의 관심은 '무엇'이 아니라 '누구'입니다. 영적인 찬양과 기도는 아름다운 음악과 유창한 기도가 아니라, 드리는 자의 중심에 달려 있습니다. 먼저 당신의 심령을 하나님께 드리십시오.

중언부언하는 찬양과 기도는 아무 소용이 없습니다[11]

예수님은 "기도할 때에 이방인과 같이 중언부언하지 말라"(마 6:7)고 말씀하셨습니다. 이방인처럼 기도하지 말라는 가르침입니다. 이방인들의 기도는 진실 되지 않고 말만 되풀이하는 형식적인 기도였습니다. 이런 기도는 사람에게 보이기 위한, 거룩한 모양은 있으나 영과 마음이 없는 기도입니다. 또 자신을 위해 먹을 것과 마실 것 그리고 입을 것을 구하는 이기적인 기도입니다.

기도뿐 아니라 찬양을 할 때도 중언부언하지 말아야 합니다. 다시 말해, 영과 마음으로 드리지 않는 찬양과 기도는 형식적이며 습관적으로 중언부언하는 것입니다.

형식적인 찬양과 기도 ────

형식적으로 드리는 찬양과 기도는 자기중심적입니다. 그러다 보니 하나님보다 사람을 의식하게 됩니다. 하나님은 형식적으로 드리는 찬양과 기도에 귀 기울이지 않으십니다. 형식적인 찬양과 기도는 내용에 대한 확신이 없습니다. 가사의 내용에는 관심 없고 소리에만 치중하며, 기도에 대한 확신보다는 듣는 사람을 감동시키려고 합니다. "거룩 거룩 거룩 전능하신 주님"이라고 아름다운 소리를 내지만 믿음이 없습니다. "이루어주실 줄 믿습니다!"라고 고백하지만 확신이 없습니다. 입으로는 외치나 능력이 없습니다.

찬양의 본질을 모르고 찬양을 형식적으로 생각하면 찬송의 모든 절을 부르기가 힘겹습니다. 그래서 건너뛰거나 아예 생략하기도 합니다. 찬송가는 모든 절을 불러야 내용이 완성됩니다. 물론 어떤 곡은 한 가지 개념을 강조하여 발전되었습니다. 애드킨스(Donna Adkins)의 "Glorify Thy Name"을 예로 들면, '하나님 아버지 사랑합니다'로 시작하여, '예수님 사랑합니다' 이어서 '성령님 사랑합니다'가 단순하게 반복됩니다.[12]

Glorify Thy Name[13]

1   Father, we love You,
    We worship, and adore You,
    Glorify Thy name in all the earth.

    (Chorus)
    Glorify Thy name,
    Glorify Thy name,
    Glorify Thy name in all the earth.

2   Jesus, we love You,
    We worship and adore You,
    Glorify Thy name in all the earth.

3   Spirit, we love You,
    We worship and adore You,
    Glorify Thy name in all the earth.

일반적으로 찬송가는 각 절이 전개되기 때문에 갑작스러운 생략은 문제를 일으킵니다. 가사에 관심을 갖지 않으면 시간을 핑계 삼아 절을 생략해 부르게 됩니다. 찬양의 본질을 망각한 일입니다. 예를 들어 "내 주는 강한 성이요"(585장)를 부르는데, 인도자가 다함께 1절을 부르고 목사님 축도로 마치겠다고 말했을 경우를 가정해 봅시다.

> 1 내 주는 강한 성이요 방패와 병기되시니
> 큰 환난에서 우리를 구하여 내시리로다.
> 옛 원수 마귀는 이때도 힘을 써
> 모략과 권세로 무기를 삼으니
> 천하에 누가 당하랴.

마귀에게 완전히 항복을 선언하고 예배를 마치다니 말이나 됩니까! 1절만 부른다면, 결과적으로 마귀에게 백기를 든 셈이 됩니다. 2절을 불러야 반전이 일어납니다.

> 2 내 힘만 의지할 때는 패할 수밖에 없도다.
> 힘 있는 장수 나와서 날 대신하여 싸우네.
> 이 장수 누군가 주 예수 그리스도
> 만군의 주로다 당할 자 누구랴.
> 반드시 이기리로다.

이렇게 극적인 반전을 위해 2절을 꼭 불러야 합니다. 찬송은 모든 절이 연결되어 있기 때문에 절을 생략해 부르지 말아야 합니다. 혹시 1절이 익숙하다고 이 찬송을 1절만 몇 번이고 반복해 부른다고 생각해 보십시오. 얼마나 끔찍한 일입니까. 계속해서 마귀에게 항복을 선언하고 있는 것입니다. 이같이 찬송을 형식적으로 부르면 황당한 문제가 생깁니다.

가사가 전개되는 과정을 살펴보십시오. 1절에서 마귀의 권세에 무기력했던 성도가 2절에서 예수님을 의지하여 승리하게 됩니다. 3절에서 그래도 마귀는 들끓고 있고 생명마저 위협당해도 승리할 것을 확신합니다. 이처럼 찬송의 내용은 각 절이 연관되어 전개됩니다.

"캄캄한 밤 사나운 바람 불 때"(345장)를 예로 들어보겠습니다. 이 곡의 1-2절을 부른다고 가정해 봅시다.

1   캄캄한 밤 사나운 바람 불 때
     만경창파 망망한 바다에
     외로운 배 한 척이 떠나가니
     아 위태하구나 위태하구나.

2   비바람이 무섭게 몰아치고
     그 놀란 물 큰 파도 일 때에
     저 뱃사공 어쩔 줄 몰라 하니
     아 가련 하구나 가련하구나.

이 찬송이 뱃노래입니까? 이 찬송도 모든 절을 노래해야 절망 중에도 권능의 손으로 승리하게 하시는 하나님의 인도를 알 수 있습니다.

"십자가 군병들아"(352장)의 핵심문장은 각 절의 첫 행에 나타난 '십자가 군병들아, 주 위해 일어나라'는 명령입니다. 1절은 십자가 군병들에게 깃발을 들고 앞서 나가 담대히 싸우라고 격려합니다. 2절은 나팔소리를 듣고 즉시 싸울 것을 명령합니다. 3절은 군사의 힘이 부족하니 복음의 전신갑주를 입고 충성을 다하라고 명령합니다. 4절에서는 승전가를 부르며 주님과 함께 영원히 왕 노릇 할 것을 확신하고 있습니다.[14] 찬송은 '깃발, 나팔소리, 전신 갑주, 승리의 개가'로 이어지는데, 1절부터 4절까지 이어지는 내용은 전쟁의 시작부터 승리까지 묘사합니다. 그러므로 연속으로 이루어지는 사건을 생략하지 말고 모든 절을 불러야 합니다.

1   십자가 군병들아 주 위해 일어나
     기 들고 앞서나가 담대히 싸우라.
     주께서 승전하고 영광을 얻도록
     그 군대 거느리사 이기게 하시네.

2   십자가 군병들아 주 위해 일어나
     그 나팔소리 듣고 곧 나가 싸우라.
     수없는 원수 앞에 주 따라갈 때에

주 예수 힘을 주사 강하게 하시네.

3   십자가 군병들아 주 위해 일어나
     네 힘이 부족하니 주 권능 믿으라.
     복음의 갑주 입고 늘 기도하면서
     너 맡은 자리에서 충성을 다하라.

4   십자가 군병들아 주 위해 일어나
     이날에 접전하고 곧 개가 부르라.
     승전한 군사들은 영생을 얻으며
     영광의 주와 함께 왕 노릇 하리라.

와츠가 지은 "주 달려 죽은 십자가"(149장)를 묵상해 보십시오. 1절에서 십자가에 달린 그리스도의 형상을 묵상하는 것으로 시작해, 2-3절로 이어지면서 더 깊은 그리스도의 고난 가운데로 들어갑니다. 드디어 4절에서는 "온 세상 만물 가져도 주 은혜 못 다 갚겠네. 놀라운 사랑 받은 나 몸으로 제물 삼겠네."라며 헌신을 고백합니다. 수사학적 전개가 설득력을 가지면서 가사와 음악이 단단히 결합되어 강력한 감정의 반응을 끌어냅니다.[15] 이렇게 믿음을 고백할 수 있는 찬양을 어떻게 형식적으로 사용한단 말입니까!

1 주 달려 죽은 십자가 우리가 생각할 때에
   세상에 속한 욕심을 헛된 줄 알고 버리네.

2 죽으신 구주밖에는 자랑을 말게 하소서.
   보혈의 공로 입어서 교만한 맘을 버리네.

3 못 박힌 손발 보오니 큰 자비 나타내셨네.
   가시로 만든 면류관 우리를 위해 쓰셨네.

4 온 세상 만물 가져도 주 은혜 못 다 갚겠네.
   놀라운 사랑 받은 나, 몸으로 제물 삼겠네.

　와츠는 찬송 가사를 쓰는 것에 대해 이렇게 말합니다. "나는 진정으로 교회를 섬기는 종이 되고 싶고, 겸손한 그리스도인이 기뻐할 수 있도록 돕고 싶습니다. 나는 과감한 은유를 사용하거나 어려운 단어를 쓰고 싶지도 않으며, 이해하지 않고는 부를 수 없는 곡으로 예배자들을 무시하고 싶지도 않습니다."[16] 찬송가는 이처럼 한 가지 개념을 발전시켜 나갑니다. 찬양과 기도는 형식적인 것이 아니라 입술로 표현할 수 있는 진실한 신앙고백이 되어야 합니다.

습관적인 찬양과 기도 ———

그리스도인이 믿음생활이 아니라 종교활동을 하는 모습을 종종 봅니다. 습관적으로 교회에 가고, 습관적으로 예배에 참석하며, 눈을 감으면 습관적으로 기도가 술술 나옵니다. 습관적으로 십일조도 꼬박꼬박 드립니다. 목사님이 설교 중에 "할렐루야!"를 외치면 자신도 모르게 습관적으로 "아멘!"이 튀어나옵니다. 습관적으로 행하는 것이야말로 큰 고질병입니다. 이것은 그리스도인이 빠지기 쉬운 매너리즘이라는 가장 무서운 영적인 병입니다. 이 병에 걸리면 무기력한 그리스도인이 됩니다.

그럴 경우 경건의 모양은 있으나 경건의 능력을 부인하는 잘못된 신앙생활을 하게 됩니다(딤후 3:5). 습관적으로 찬양하는 사람에게는 찬양의 모양은 있으나 찬양의 능력이 없습니다. 기도도 다르지 않습니다. 예수님은 이사야의 예언을 들어 "이 백성이 입술로는 나를 공경하되 마음은 내게서 멀도다 사람의 계명으로 교훈을 삼아 가르치니 나를 헛되이 경배하는도다"(마 15:8-9; 사 29:13)라며 바리새인들을 꾸짖으셨습니다. 한마디로 마음이 담기지 않은 헛된 예배, 헛된 찬양, 헛된 기도에 대한 하나님의 경고입니다. 사람이 보고 듣기에는 그럴듯하지만 하나님은 형식을 원하지 않으십니다.

하나님은 영과 마음으로 드리는 찬양과 기도를 찾으십니다. 습관적으로 부르는 찬양과 기도는 하나님께 집중하지 않고 자신의 감정에 도취되기 쉽습니다. 영과 마음으로 드리는 찬양과 기도는 매너리즘에 빠지지 않고 하나님께 집중하게 됩니다.

깨어있는 지도자들은 하나님께 집중하지 않는 습관적인 찬양과 기도를 지적했습니다. 어거스틴은 성스러운 말씀보다 음악에 마음을 빼앗길까 염려했습니다. 칼빈은 인간의 마음을 움직이는 음악의 힘에 주목하며, 자기만족을 위해 오용되는 것을 걱정했습니다.[17] 츠빙글리는 찬양할 때 "입과 마음이 서로 같이 가는지 주의하라"고 경고하며, 중심 없이 습관적으로 부르는 찬양을 지적했습니다.

습관적으로 부르는 것은 멜로디나 리듬 또는 화성에 매료되어 음악을 즐기는 잘못된 방향으로 흐르게 합니다. "주여! 주여! 주여!" 아무리 큰소리로 외치고, "아멘! 아멘! 아멘!"으로 응답해도 습관적인 고백에는 능력이 없습니다. 이런 찬양과 기도는 하나님을 기뻐하는 것이 아니라 예배 행위를 즐기는 것입니다. 능력 있는 찬양과 기도를 회복하기 위해 하나님께 온전히 집중하십시오.

3 영과 진리로 드리는 예배는 무엇일까

예배의 정의
예배는 하나님의 사랑에 대한 우리의 응답입니다

하나님은 우리를 예배자로 부르셨습니다. 예배자로 부름받은 것은 우리가 얻은 최고의 특권입니다. 참된 예배자는 정기적으로 예배에 출석하는 자가 아니라, 하나님의 말씀대로 사는 사람입니다. 그러므로 예배와 삶을 이원론적으로 나누면 안 됩니다. 그리스도인은 언제 어디서 무엇을 하든지 하나님 중심의 삶을 살아야 합니다. 우리는 영적인 것을 사모하도록 지음받았기 때문입니다. 그리스도인은 삶에서 일어나는 모든 것을 예배하는 마음으로 결단하며 살아가야 합니다.[18] 우리가 드리는 공중예배와 삶의 예배는 하나님의 사랑에 대한 응답이기 때문입니다.

'예배'(worship)라는 단어는 '가치'(worth)와 '신분'(ship)에서 유래되었습니다. 어떤 대상에게 가치를 돌린다는 의미입니다. 하나님은 영광을 받기에 합당하신 분입니다. 예배는 하나님께 최상의 가치를 돌리는 것입니다. 구약성경에서는 예배의 의미로 히브리어 '샤하아'(*shachah*)와 '아바드'(*abad*)를 많이 사용했습니다. 샤하아는 '엎드리다' '절하다'라는 뜻으로 숭배와 순종을 말합니다. 아바드는 '섬기다' '봉사하다'라는 의미로 영어의 '예배'(service)와 '섬기는 자'(servant)의 근원이 됩니다.

"오라 우리가 굽혀 경배[샤하아]하며 우리를 지으신 여호와 앞에 무릎을 꿇자 그는 우리의 하나님이시요 우리는 그가 기르시는 백성이며 그의 손이 돌보시는 양이기 때문이라"(시 95:6-7). "이스라엘아 네 하나님 여호와께서 네게 요구하시는 것이 무엇이냐 곧 네 하나님 여호와를 경외하여 그의 모든 도를 행하고 그를 사랑하며 마음을 다하고 뜻을 다하여 네 하나님 여호와를 섬기고[아바드]"(신 10:12).

신약성경에서 예배의 의미로 헬라어 '프로스퀴네오'(*proskuneo*)와 '라트류오'(*latreuo*)를 자주 사용했습니다. 프로스퀴네오는 '손에 입 맞추기 위해 나오다'라는 뜻으로 통치자에게 몸과 마음을 바친다는 의미입니다. 엎드림으로써 순종과 겸손 그리고 존경심을 표현하는 것입니다. 요한복음 4장에 쓰인 예배에 해당하는 단어는 모두 프로스퀴네오입니다. "아버지께 참되게 예배하는 자들은 영과 진리로 예배할 때가 오나니 곧 이 때라 아버지께서는 자기에게 이렇게 예배하는 자들을 찾으시느니라"(요 4:23).

라트류오는 종으로서 주인을 섬기는 것을 의미합니다. 바울이 언급한 영적 예배에서 라트류오가 사용되었습니다. "그러므로 형제들아 내가 하나님의 모든 자비하심으로 너희를 권하노니 너희 몸을 하나님이 기뻐하시는 산 제물로 드리라 이는 너희가 드릴 영적 예배[라트류오]니라"(롬 12:1). 이처럼 예배는 공중예배에서 몸과 마음을 드리는 것뿐 아니라 삶의 예배에서 하나님의 영광을 위해 섬기는 것을 의미합니다.

예수님은 수가 성 사마리아 여인을 만나 "너희는 알지 못하는 것을 예배하고"(요 4:22)라고 지적하셨습니다. 사마리아 여인이 오해한 것처럼 예배는 장소나 외적인 조건에 달려 있는 것이 아닙니다. 그들은 누구를 예배하는지 어떻게 예배해야 하는지 예배의 본질을 몰랐습니다. 예배의 대상을 모르고 열정을 쏟는 것이나, 대상을 알아도 잘못 예배하는 것은 아무 소용이 없습니다. 예수님은 "하나님은 영이시니 예배하는 자가 영과 진리로 예배할지니라"(요 4:24)라고 예배의 핵심을 강조하십니다.

핵심단어인 "영과 진리"를 이해해야 합니다. 에베소서 5장 18-20절과 골로새서 3장 16절은 동일한 주제를 다루면서 '영과 진리 안에서' 하나님께 영광을 돌릴 것을 전제합니다. 바울은 "성령으로 충만함을 받으라"(엡 5:18)고 말합니다. 요한복음 3장 6절에서 예수님은 "육으로 난 것은 육이요 영으로 난 것은 영이니"라고 말씀하십니다. 성령으로 충만할 때 성령의 도우심으로 우리는 영이신 하나님을 영으로 예배할 수 있습니다.

또 바울은 "그리스도의 말씀이 너희 속에 풍성히 거하여"(골 3:16)라고 말합니다. 말씀으로 오신 예수님이 진리입니다. 그리스도의 말씀으로 가득할 때 우리는 진리로 예배할 수 있습니다. 그러므로 예수님은 "내가 곧 길이요 진리요 생명이니 나로 말미암지 않고는 아버지께로 올 자가 없느니라"(요 14:6)고 선언하십니다. 하나님의 말씀을 믿음으로 받아들일 때, 예수님 안에서 예수님을 통해 예배할 수 있습니다. 성령님의 도우심과 진리이신 예수님 안에서 영과 진리로 예배할 수 있습니다.

존 파이퍼(John Piper) 목사는 "예배는 하나님의 무한한 가치를 의도적으로 표현하는 감성과 지성 그리고 몸의 모든 행위를 일컫는 용어"라고 말합니다.[19] 우리는 하나님의 영광을 위해 공중예배나 삶의 예배에서 의도적으로 반응해야 합니다. 교회음악가 휴스태드(Donald P. Hustad)는 "예배는 하나님과의 대화, 하나님께 드림, 그리고 예수님을 닮아가는 것"이라고 말합니다.[20] 결국 예배는 예수님을 닮아가는 변화가 있어야 합니다. 리프블래드(Bruce H. Leafblad)는 "예배는 하나님과의 연합이며, 믿음의 실행이며, 하나님께 집중하는 것이며, 하나님에 대한 사랑의 표현이며, 종의 섬김이며, 하나님을 영화롭게 하는 것이며, 하나님에 대한 인간의 반응"이라고 폭넓게 정의합니다.[21]

이처럼 예배를 신앙의 체험에 따라 서로 다르게 표현할 수 있습니다. 그러나 공중예배든 삶의 예배든, 예배는 외적인 환경에

얽매이지 않고 최선의 것으로 최고의 하나님을 높여드리는 것임에 틀림없습니다. 예수님은 "네 마음을 다하고 목숨을 다하고 뜻을 다하여 주 너의 하나님을 사랑하라 하셨으니 이것이 크고 첫째 되는 계명이요"(마 22:37-38)라고 말씀하십니다.

예배를 특정한 시간이나 장소, 어떤 조건에 한정하면 안 됩니다. 우리의 영과 마음은 항상 하나님께로 향해 있어야 합니다. 이것이 예배의 올바른 방법입니다. 하나님만이 예배의 대상이기 때문입니다. 그럴 때 공중예배는 삶의 예배로 넓혀지고, 승리한 삶의 예배는 다시 공중예배로 흘러 들어와 하나님만을 기뻐하게 됩니다. 바로 이것이 하나님이 찾으시는 예배입니다.

예 배 의 표 현
예배는 다양하게 표현될 수 있습니다

공중예배에서 표현은 언어적인 것과 비언어적인 것으로 나눌 수 있습니다. 예배의 본질과 예배의 형태는 다릅니다. 예배의 본질은 변해서는 안 되지만, 예배의 표현은 하나님께서 허락하신 환경에 따라 달라질 수 있습니다. 예배를 이끌어가는 심오한 원칙이 있는 한, 예배의 표현은 매우 풍부하고 다양합니다. 그러므로 어느 한 형태만을 고집하는 것은 좋지 않습니다. 예배의 다양한 형태를 받아들이고 예배의 본질에 집중해야 합니다.

선교학자 맥가브란(Donald A. McGavran)은 기독교의 진리를 신

학적 범주, 윤리적 범주, 교회적 범주, 관습적 범주로 구분합니다.[22]

> **신학적 범주** 하나님, 사람, 죄, 구원, 성경, 영생 등
> **윤리적 범주** 다양한 상황에서 기독교인이 가져야 할 가치체계의 적용을 포함하는 것으로 가정 제도, 사회신분 제도, 부모공경 등
> **교회적 범주** 교회의 여러 관습으로서 예배 형태, 기도 형태, 찬송 형태, 교회 건축, 교회지도력의 형태 등
> **관습적 범주** 일상생활과 밀접하게 연관된 지방 관습으로서 복장, 음식, 술, 담배 등

　기독교의 본질을 말하는 신학적 범주인 절대적 진리는 절대로 변해서는 안 됩니다. 이것이 조금이라도 변질된다면 이단입니다. 그러나 그밖의 모든 부분은 신실한 그리스도인조차 서로 입장을 달리합니다. 교회 안에 많은 갈등을 가져오는 예배 형태, 기도 형태, 찬송 형태 등은 문화적 취향에 달려 있습니다. 변할 수 있는 취향의 문제를 많은 교회가 절대적인 것으로 비약하고 있습니다. 절대적인 진리를 제외하고는 모든 것이 변할 수 있는 문화적 요소입니다. 문제는 형식이 아니라 본질입니다. 한마디로 복음은 절대 변해서는 안 되지만, 문화는 변할 수밖에 없습니다.[23]

　예배 표현의 다양성은 하나님의 창조에서부터 생각할 수 있습니다. 하나님은 셀 수 없는 시간과 공간 안에서 하나님의 영광을

위해 천하보다도 귀한 인간을 만드셨습니다. 지금도 하나님의 주권 아래 수많은 피조물이 창조되고 있습니다. 하나님은 서양인만을 위한 하나님도, 동양인만을 위한 하나님도 아닙니다. 또 원시시대만을 위한 하나님도, 현대시대만을 위한 하나님도 아닙니다. 지역과 문화를 초월해 어제나 오늘이나 내일도 동일하신 분입니다. 하나님은 만유의 주시며 만인의 구속자가 되십니다.

또 예배 표현의 다양성은 하나님의 속성에서부터 생각할 수 있습니다. 성부와 성자와 성령 하나님은 언제나 변하지 않는 한 분이지만, 예배자에게 찾아오시는 하나님은 창조자, 구세주, 지지자, 내주자, 친구 그리고 심판자 등으로 이해될 수 있습니다.[24]

하나님은 특정한 예배 형태나 찬양 형태에 대해 말씀하지 않으십니다. 가사를 꾸며주는 음악의 강력한 힘 때문에, 음악의 형태를 성스러운 것과 속된 것으로 구분 짓고 싶은 유혹이 생길 수 있습니다. 그러나 엄격히 말하면, 음악의 형태를 기독교적인 것과 비기독교적인 것으로 나눌 수 없습니다.

20세기 복음주의 신학자 쉐퍼(Francis Schaeffer)는 '형태'에 대해 단호히 주장합니다. "내가 분명히 말할 수 있는 것은, 경건한 스타일이나 불경건한 스타일이 따로 존재하지 않는다는 것이다. 이러한 문제를 구분하려고 하면 할수록 더 혼란에 빠지게 될 뿐이다."[25] 찬양을 역사적 전통이나 음악적 요소를 가지고 성과 속으로 분리하는 것은 불가능합니다. 그것은 진리가 아니라 언제든지 변할 수 있는 문화이기 때문입니다. 그렇기 때문에 예배에 음악을 사용할 때 더욱 신중히 선택해야 합니다.

우리가 드리는 것은 양식이 아닌 예배자 자신을 드리는 것입니다. 예배는 형식을 드리는 것이 아니라 중심을 드리는 것입니다. 우리는 하나님이 허락하신 다양한 환경 속에서 하나님에 대한 사랑을 표현할 수 있습니다. 성경은 여러 곳에서 예배와 찬양 요소의 다양한 모습을 보여줍니다.

시편에 나타난 다양한 예배와 찬양 요소

- 경배하는 것 시 96:9; 138:2
- 감사하는 것   시 30:4; 75:1; 79:13; 92:1-3; 95:2; 105:1; 107:1; 136:1-3; 147:7
- 찬양하는 것   시 63:3; 67:3; 84:4; 96:4; 135:3,20,21; 138:1; 145편; 146편; 147편; 148편; 150편
- 영화롭게 하는 것 시 29:1-2; 86:9,12; 96:7-8
- 높이는 것   시 34:3; 99:5,9; 118:28; 138:2; 145:1
- 섬기는 것   시 2:11; 100:2
- 칭찬하는 것   시 30:1; 68:4; 145:1; 147:12
- 축복하는 것   시 16:7; 34:1; 68:26; 103:1-2,20-22; 104:1,11; 115:18; 135:19-20
- 광대하심을 말하는 것 시 34:3; 69:30; 70:4
- 경외하는 것 시 5:7; 33:8; 34:9; 96:4; 128:1

- 사랑하는 것 시 18:1; 31:23; 116:1

- 노래하는 것 시 59:16-17; 95:1; 98:1

- 외치는 것 시 20:5; 47:1; 98:4

- 즐거운 소리를 내는 것 시 66:1; 81:1; 95:1-2; 98:6; 100:1

- 기뻐하는 것 시 5:11; 9:2; 68:3; 96:11

- 손뼉을 치는 것 시 47:1

- 손을 드는 것 시 28:2; 63:4; 134:2

- 허리 굽혀 경배하는 것 시 22:27-31; 95:6

- 무릎 꿇는 것 시 95:6

- 심령을 들어 올리는 것 시 25:1; 86:4

- 예물을 드리는 것 시 76:11; 96:8

- 소리 내어 부르짖는 것 시 142:1,5

- 하나님께 영광을 돌리는 것 시 29:1-2; 96:7-8

- 자랑하는 것 시 34:2

- 선포하는 것 시 22:22,25; 75:9; 96:3; 145:6

- 축하하는 것 시 145:7

- 아름다움을 앙망하는 것 시 27:4

- 기념하는 것 시 77:11; 97:12

- 제사드리는 것 시 4:5; 54:6

- 기도하는 것 시 5:3

- 묵상하는 것 시 77:12; 104:34

- 간구하는 것 시 61:1

- 자백하는 것 시 38:18, 51:1

- 영예를 드리는 것 시 50:23

- 눈을 들어 주님께 향하는 것 시 123:1

- 기다리는 것 시 25:5; 27:14; 37:7

- 여호와 앞에 잠잠하는 것 시 37:7

- 찾는 것 시 14:2; 70:4; 105:3

예 배 의   내 용
예배순서의 의미를 알고 예배해야 합니다

공중예배에서 가장 큰 문제는 예배에 참여하지 않고 구경하는
데 있습니다. 왜 그럴까요? 영적인 관점에서 보면 하나님과 인격
적으로 만나지 못했기 때문입니다. 또 예배요소의 의미를 모르기
때문에 방관하는 것입니다.

모든 예배요소에는 고유한 가치가 있습니다. 성경봉독과 설교
는 하나님의 뜻을 우리에게 말씀하시는 것이고, 경배의 찬양과
기도 그리고 봉헌은 우리의 심령을 하나님께 올려드리는 것입니
다. 공중예배를 역동적으로 드리기 위해 예배요소의 의미를 알아
야 합니다.

예배에의 부름(call to worship) ──────

예배의 첫 부분에 놓인 예배에의 부름은 하나님께서 예배자를

부르시는 순서입니다. 예배에의 부름을 맡은 인도자는 회중을 향해 예배에 참여할 것을 권면합니다. 예배는 하나님의 초청으로 시작됩니다. 다시 말해, 예배에의 부름은 하나님의 부르심에 응답하여, 예배자가 하나님의 임재 앞으로 나아가는 순서입니다. 예배에의 부름은 인도자의 선언, 인도자와 회중의 교독, 찬양대의 합창 등 다양한 방법으로 진행될 수 있습니다.

엄격히 말해 예배에의 부름은, 예수님을 믿고 주님 뜻대로 살겠다고 작정한 시간입니다. 이제부터 세상을 쫓아가지 않고 하나님만 섬기겠다고 처음으로 다짐한 때가 예배에의 부름에 응답한 것입니다.

사실 예배에의 부름은 일생에 한 번밖에 없는 개인의 고백입니다. 예수님의 부활은 단 한 번의 사건이었지만, 우리는 예수님의 부활을 기억하기 위해 해마다 부활절을 지킵니다. 이같이 예배 때마다 공중예배에서 행하는 예배에의 부름은 흩어졌던 성도들이 함께 모여 예배를 계속하기 위한 부름인 것입니다.[26]

기원(invocation) ———

예배에의 부름은 하나님이 예배자를 찾으시는 것이고, 이와 반대로 기원은 예배자가 하나님의 임재를 구하는 것입니다. 전통적으로 기원은 목회자가 드리는 첫 기도였습니다. 기원은 성경말씀 봉독이나 일반적인 간구가 아닙니다. 기원은 개인적인 기도가 아니라, 공동체가 하나님의 임재를 구하는 기도입니다. 기원은 간결하며 적절한 표현으로 하나님의 위엄을 찬양하고 임재를 구해야 합니다. 그러므로 간결하게 기도문을 작성하는 것이 좋습니다.[27]

> 우주 만물을 창조하시고 섭리하시는 전능하신 하나님, 하나님의 크신 은혜로 우리를 하나님의 교회에 불러 모아주심에 감사와 찬양을 드립니다. 이 시간 이곳에 주님께서 임재하시어 우리의 마음을 정결하게 하시고, 오직 주님만이 영광을 받으시옵소서. 우리가 드리는 이 예배를 통해 거룩하신 주님의 이름이 영화롭게 되기를 간절히 원하옵나이다. 예수님의 이름으로 기도하옵나이다. 아멘.

경배찬송(hymn of praise)

경배찬송은 회중이 부르는 첫 찬송입니다. 입장행렬이 있는 교회에서는 오르간 전주 후에 예배인도자(목사, 음악목사, 대표기도자, 성경봉독자, 찬양대원 등)들이 행렬할 때 부르므로 행렬찬송이라고도 합니다. 이 찬양은 하나님께 올려드리는 찬송으로, 예배의 의미를 되새기게 하는 전통적 찬양입니다.

찬송가 선택에 있어서 유의해야 하는데, 찬송가의 분류에서 '찬양과 경배'의 내용 중 예배주제와 절기에 맞는 찬송을 선택하면 좋습니다. 찬송가책 중에 있는 복음찬송(gospel hymns)이나, 복음성가(gospel songs)는 첫 곡으로서는 적절하지 않으므로 신중히 선곡해야 합니다.

삼위영가(gloria patri) ───────

송영이라고도 불리는 삼위영가는 성부, 성자, 성령께 영광을 돌리는 단순한 찬송입니다. 송영은 가톨릭교회에서 부르는 "지극히 높은 곳에서는 하나님께 영광이요, 땅에서는 기뻐하심을 입은 사람들 중에 평화로다"로 시작되는 '영광송'과 비교할 수 있습니다.

2세기부터 사용된 송영은 4세기 아리우스파 문제로 구체화되었습니다. 아리우스파는 예수님의 신성을 거부하여 삼위일체 하나님을 부정했습니다. 325년에 열린 니케아공의회는 아리우스파를 비롯한 이단을 단죄하고 삼위일체 하나님을 선포했습니다. 그리고 삼위일체 하나님을 찬양하는 송영 가사를 "성부, 성자, 성령께 영광을 돌리세. 태초로 지금까지 또 영원무궁토록. 아멘."으로 확정했습니다.[28] 이단을 방지하고 삼위일체 교리를 교육하기 위해 시편과 찬송 끝에 삼위영가를 첨부하여 불렀습니다. 송영은 전통적으로 불러온 오래된 찬송입니다.

목회기도와 대표기도(pastoral prayer, morning prayer) ───────

목회기도는 목회자가 회중을 대표하여 회중의 필요한 부분을 하나님께 아뢰는 기도입니다. 인도자는 승리와 기쁨으로 가득한 자를 위해 하나님께 감사하고, 절망과 슬픔에 잠겨있는 자에게 하나님께로부터 오는 소망과 위로를 간구하며, 질병으로 고통을 당하는 자의 치유를 위해 기도해야 합니다.

목회기도나 대표기도는 공동체를 위한 기도여야 합니다. 예배학자 화이트(James White)는 "목회기도에서 모든 것을 언급하려다가 아무것도 하지 못한 채 끝난다"고 지적했습니다. 기도의 내용이 너무 많고 길면 회중의 기도가 아니라 독백이 되고 맙니다. 그러므로 간단하면서도 상황에 알맞은 특징 있는 기도가 되어야 합니다. 기도 후 찬양대가 짧은 응답송을 부르는 것이 일반적입니다.[29]

성경봉독(scripture reading)

브리드(David R. Breed)는 "예배에 있어서 각 요소의 우선순위는, 첫째 성경봉독, 둘째 찬송, 셋째 기도, 넷째 설교"라고 주장합니다.[30] 다른 요소에 비해 설교에 많은 시간이 할애된다고 해서 그것이 가장 중요한 것은 아니라고 지적합니다. 이 단순한 지적이 성경봉독에 깊은 관심을 갖지 않는 한국 교회에 주는 의미가 큽니다. 성경봉독은 설교를 위한 부수적인 순서가 아니라, 살아계신 하나님 말씀을 그대로 듣는 중요한 순서입니다.

하나님의 말씀을 듣기 위해 '어떤 방법으로 봉독할 것인지'에 관심을 기울여야 합니다. 성경봉독 방법에는 여러 가지가 있습니다. 설교자, 회중 대표, 가족 등이 봉독할 수도 있고, 목회자와 회중, 목회자와 찬양대 또는 찬양대와 회중이 교대로 봉독할 수도 있습니다. 음악의 연주형태에 독창, 중창, 합창이 있듯 성경봉독을 미리 준비하여 여러 형태로 봉독하는 것은 효과적입니다.

찬양대 찬양(anthem) ———

찬양대는 예배음악의 중요한 역할을 담당합니다. 찬양대가 살면 생동감이 넘치나, 찬양대가 역할을 감당하지 못하면 예배에 활력이 떨어집니다. 이를 위해 찬양대는 회중이 이해할 수 있는 찬양을 불러야 합니다.

중세시대 예배음악의 가장 큰 문제는 회중이 이해할 수 없는 가사와 음악을 사용했다는 것입니다. 찬양대는 입으로 노래하며 심령을 드리고, 회중은 찬양을 들으면서 심령을 드립니다. 회중이 이해할 수 없는 찬양은 회중을 구경꾼으로 만듭니다. 찬양대가 노래할 때 회중은 방관자가 아니라 같은 마음으로 하나님께 심령을 드려야 합니다.

찬양대가 부르는 노래는 가사에 따라 하나님께 드리는 찬양과 회중에게 선포하는 찬양으로 나눌 수 있습니다. 하나님을 향한 노래인 경우 모든 예배자는 같은 마음으로 하나님께 찬양을 드려야 합니다. 반대로 회중을 향한 메시지라면, 부르는 자나 듣는 자가 자신에게 선포되는 말씀으로 받고 믿음으로 고백하며 헌신을 다짐함으로써 응답해야 합니다. 찬양대원이 부르는 찬양은 음악활동이 아니라 영적인 활동입니다. 찬양할 때 영적인 면에 집중하면 회중을 의식하지 않고 하나님 중심의 찬양을 할 수 있습니다.

설교(sermon, preaching)

설교는 하나님의 말씀을 선포하는 것입니다. 복음선포는 항상 교훈을 포함하며, 교훈에는 항상 복음선포가 포함되어야 합니다. '케리그마'(*kerygma*, 복음선포)와 '디다케'(*didache*, 교훈)는 모두 같은 하나님의 말씀에 속합니다. 케리그마는 복음의 원초적 선포인 반면, 디다케는 복음선포에 일치하는 교훈입니다.[31] 윌리엄 쿠퍼(William Cowper)는 18세기 성직자들의 설교에 대해 다음과 같이 지적했습니다.

> 설교자가 어찌 하나님 앞에서 말재간을 부리겠는가? 멋진 풍채와 용모로 사람들을 현혹시키겠는가? 또는 백합같이 흰 손에 다이아몬드를 끼고 하는 것처럼 미사여구를 가지고 나를 현혹시키겠는가? 또한 내가 생명의 떡에 굶주렸을 때 내 눈앞에서 그의 뛰어난 재간을 부리겠는가?[32]

설교는 세상사는 이야기, 아름다운 이야기, 세상의 지식과 교양을 이야기하는 시간이 아닙니다. 또 목회자 자신을 변호하고 교회의 정책을 설명하는 시간도 아닙니다. 오직 생명의 말씀인 복음을 선포하는 귀한 시간입니다.

응답찬송(hymn of response)

응답찬송은 하나님께서 주신 말씀에 감사함으로 응답하는 것입니다. 말씀 선포 후에 이사야가 "내가 여기 있나이다 나를 보내소서"(사 6:8)라고 고백한 것처럼, 하나님께 드리는 결단의 반응입니다. 가사는 감사, 복종, 헌신, 부르심에 대한 응답 그리고 결단의 내용입니다. 다양한 방법으로 하나님께 응답할 수 있지만, 찬양은 회중이 함께 응답할 수 있는 최선의 방법입니다. 그러므로 응답찬송은 설교 내용에 따라서 회중이 응답할 수 있도록 신중히 선택해야 합니다.

봉헌찬송(hymn of dedication)

봉헌은 하나님의 무한한 사랑과 은혜에 감사하는 응답입니다. 이 드림에는 음악으로 표현되는 찬양, 감사의 기도, 신앙고백 그리고 헌금 등이 있습니다. 하나님께 봉헌하면서 조건이 붙는다면 그것은 이미 봉헌이 아닙니다. 이만큼 드리니 복을 더 달라고 하나님께 요구하는 것은 중세시대의 면죄부나 다름없습니다. 우리의 뜻을 이루기 위해 물질을 드리는 것이 아닙니다. 우리가 아무리 소중한 것을 드려도 그것은 결국 하나님께로부터 온 것입니다.

봉헌할 때 독창, 중창, 합창, 회중찬송 또는 기악을 사용할 수 있습니다. 보통 봉헌음악으로 성악음악을 많이 사용하는데, 기악음악을 적절히 사용하면 효과적입니다. 어떤 음악 형태를 사용하든지 노래하는 자나 연주하는 자가 드러나지 않아야 합니다. 하나님께 드리는 중요한 응답의 순서가 사람에게 보이기 위한 순서가 된다면, 예배당을 연주회장으로 만드는 것과 다름없습니다.[33] 예배자가 진정으로 드리는 찬양으로 참된 예배가 되어야 합니다. 찬양의 내용에는 봉헌과 헌신 그리고 결단의 의미가 있는 것이 좋습니다.

축도(benediction)

축도는 삶의 예배로 나아가는 회중에게 목회자가 성부 성자 성령의 이름으로 복을 선언하는 것입니다. 가장 큰 복은 복의 근원인 하나님과 동행하는 것입니다. 그래서 축도는 "주 예수 그리스도의 은혜와 하나님의 사랑과 성령의 교통하심이 너희 무리와 함께 있을지어다"(고후 13:13)라고 선포합니다.

축도는 하나님께 드리는 기도가 아니라 회중을 향해 복을 선언하는 것입니다. 목회자의 복 선언 후 찬양대가 부르는 축도송은 복을 선언하고 위로와 평안을 축복하는 내용입니다. 일반적으로 찬양대가 축도송을 하지만, 회중이 마침 찬양을 힘차게 부르고 예배를 마칠 수도 있습니다.

예 배 의 요 소
예배는 보고 듣고 말하고 맛보고 느끼는 것입니다

모든 그리스도인은 예배자로 부름받았습니다. 하나님은 영광을 드러내시려고 우리를 예배자로 택하셨습니다. 우리는 공적인 예배에서든 삶으로 드리는 예배에서든 인격적으로 하나님을 경험해야 합니다. 예배는 일회성으로 끝나는 것이 아니기에 하나님과 인격적인 만남이 지속되어야 합니다. 이사야 6장은 이사야가 본 환상을 통해 꼭 필요한 예배요소를 말해 줍니다. 하나님과의 인격적인 만남을 위한 우리의 균형 잡힌 믿음의 본질을 말해 줍니다.

예배는 하나님의 임재를 바라보는 것입니다 ───

이사야는 "내가 본즉 주께서 높이 들린 보좌에 앉으셨는데 그의 옷자락은 성전에 가득하였고"(사 6:1)라고 고백합니다. 하나님의 임재를 바라본 것입니다. 휴스태드는, 예배는 하나님과 대화하고, 하나님께 드리며, 예수님을 닮아가는 것이라고 말합니다. 하나님을 인격적으로 만나지 않고는 대화도 드림도 어떤 변화도 있을 수 없습니다. 시편 기자는 "그[여호와]의 얼굴을 항상 구할지어다"(시 105:4)라고 하나님의 임재를 갈망합니다. 우리는 예배에서 살아계신 하나님의 임재를 구해야 합니다.

현대인의 속성 중 하나는 '앉아서 본다'는 것입니다. 그냥 앉아서 물끄러미 바라봅니다. 학교에서 강의하다 보면 눈동자의 초점이 흐트러진 학생들을 간혹 봅니다. 그들은 진리를 찾기보다는 교수와 칠판을 물끄러미 바라볼 뿐입니다. 교회에서도 마찬가지입니다. 예배에 적극 참여하지 않고 설교와 기도, 찬양하는 것을 바라만 보는 사람들이 있습니다. 하나님은 보이지 않고 인도자들만 보일 뿐입니다. 우리는 예배인도자들의 모습을 볼 것이 아니라, 말씀과 기도 그리고 찬양 가운데 임재하신 주님을 바라보아야 합니다.

예배드릴 때 여러 장애물이 믿음의 눈을 가로막습니다. 그때마다 집중하여 의식적으로 하나님을 바라보아야 합니다. 위의 것을 생각하고 땅의 것을 생각하지 말아야 합니다(골 3:2).

언젠가 부활주일에 묵도송으로 "무덤에 머물러"를 부른 적이 있습니다. 그때 그 감격! 이른 아침 승천하시는 예수님을 보는 것 같았습니다. "거기 너 있었는가"를 노래할 때는 십자가의 증인으로 그 현장을 바라보는 것처럼 참담한 마음이었습니다.

이사야는 보좌 위에 앉으신 주님을 바라보았습니다. 우리는 모든 예배순서를 통해 믿음의 눈으로 하나님만 바라보아야 합니다.

예배는 하나님을 찬양하는 것입니다 ────

"거룩하다 거룩하다 거룩하다 만군의 여호와여 그의 영광이 온 땅에 충만하도다"(사 6:3)라고 천사들은 하나님의 거룩하심을 찬양합니다. 찬양이 울려퍼질 때 문지방의 터가 요동하며 성전에 연기가 충만했다고 성경은 말합니다(사 6:4). 이처럼 하나님을 찬양할 때 능력이 나타납니다.

C. S. 루이스는 교회의 존재 이유를 두 가지로 설명합니다. "하나님을 찬양해야 한다. 그런데 어떤 분인지 알고 찬양해야 한다. 또 하나님을 증거해야 한다. 주님께서 우리를 위해 무엇을 하셨

는지 증명해야 한다." 하나님이 어떤 분인지 알고, 그분이 행하신 행적을 찬양 속에서 발견해야 합니다.

우리는 거룩하신 하나님을 찬양해야 합니다. 거룩하다는 것은 구별된다는 것입니다. 거룩하신 주님은 스스로 낮추시고 육신의 옷을 입고 이 땅에 오셨는데, 죄 많은 우리는 거룩하신 주님을 십자가에 못 박았습니다. 이제 우리는 하나님이 어떤 분인지 알고 거룩하신 하나님, 인자하신 하나님, 창조주 하나님, 주권자 하나님, 영원하신 하나님, 사랑의 하나님을 찬양해야 합니다.

스랍들의 찬양이 울려퍼질 때 생명이 없는 문지방의 터가 요동했다고 말합니다. 지금은 우리가 하나님의 성전인 것을 기억해야 합니다. 생명 없는 건물이 하나님의 임재 앞에서 떨며 요동했다면, 지금 하나님의 거처가 된 우리는 어떻게 반응해야 합니까? 다윗처럼 "내 영혼아 여호와를 송축하라 내 속에 있는 것들아 다 그의 거룩한 이름을 송축하라"(시 103:1)는 영혼 깊은 곳에서 나오는 찬양을 드릴 수밖에 없습니다.

요한계시록 4-5장에서는 천상의 예배를 보여줍니다. 이십사 장로들은 면류관을 벗어서 보좌 앞에 드리며 "우리 주 하나님이여 영광과 존귀와 권능을 받으시는 것이 합당하오니"(계 4:11)라고 찬양합니다. 찬양받기에 합당하신 분은 오직 한 분이십니다. 수많은 천사들은 "죽임을 당하신 어린양은 능력과 부와 지혜와 힘과 존귀와 영광과 찬송을 받으시기에 합당하도다"(계 5:12)라고 찬양합니다. 이같이 천국은 온통 찬양으로 가득합니다.

우리는 이 땅에 사는 동안에도 끊임없이 하나님의 이름을 높여야 합니다. 이사야가 본 예배의 모형처럼 요한계시록 4장에서도 전능하신 하나님을 향해 "거룩하다 거룩하다 거룩하다"고 외치고 있습니다. 우리도 예배에서 하나님이 하나님 되심을 찬양해야 합니다.

예배는 죄를 고백하는 것입니다 ────

거룩하신 하나님 앞에서 우리의 죄는 적나라하게 드러납니다. 우리는 감히 만군의 왕이신 하나님 앞에서 얼굴을 들 수 없는 존재입니다. 그래서 이사야는 고백합니다. "그 때에 내가 말하되 화로다 나여 망하게 되었도다 나는 입술이 부정한 사람이요 나는 입술이 부정한 백성 중에 거주하면서 만군의 여호와이신 왕을 뵈었음이로다 하였더라"(사 6:5).

이사야는 선지자로서 존경받는 삶을 살았지만, 거룩하신 하나님의 임재 앞에 직접 서자 자신이 그렇게 더러워 보일 수 없었습니다. 자신의 죄가 어찌나 강하게 느껴졌는지 스스로 저주를 퍼부었습니다. "화로다 나여"는 심판의 절규이며 저주의 절규입니다. 세상의 어떤 것도 죄에 대한 깨달음을 주지 못했는데, 하나님의 거룩함을 보고 반응한 것입니다. 그것은 민감한 양심의 가책이 아니라 이제 '나는 망했다'고 소리친 절규였습니다.[34]

절대적으로 거룩하신 주님을 인식할 때 우리는 죄인임을 깨닫게 됩니다. 우리는 교만과 위선과 욕심으로 가득하여 초라하기

짝이 없습니다. 그래서 예배를 드릴 때마다 입을 열어 잘못을 고백해야 합니다. 기도할 때뿐 아니라 말씀이 선포될 때 말씀대로 살지 못했음을 고백해야 합니다. 모든 예배순서를 통해 하나님의 뜻대로 살지 못한 잘못에 대해 용서를 구해야 합니다.

우리는 근본적인 죄에서 해방을 얻고 구원받았지만, 다시 죄를 지을 수밖에 없는 연약한 존재입니다. 그래서 예수님은 죄를 용서해 달라고 기도할 것을 가르치셨습니다(마 6:12). 우리가 죄가 없다고 말하면 스스로 속이는 것입니다(요일 1:8). 우리는 죄를 고백함으로써 새로운 힘을 얻게 됩니다. 혹시 회개가 되지 않는다면 죄로 인해 하나님과 멀어졌기 때문입니다. 예배의 감격을 잃어버렸기 때문입니다. 예배마다 자신의 연약함을 내려놓을 수 있도록 하나님과 친밀한 인격적 관계가 회복되어야 합니다. 주님의 보혈을 의지하여 용서를 구해야 합니다.

예배는 용서의 기쁨을 느끼고 맛보는 것입니다 ───

예배는 일방통행이 아니라 쌍방통행입니다. 우리가 죄를 고백하면 하나님은 용서해 주십니다. 이사야는 용서받은 것을 체험했습니다. "그 때에 그 스랍 중의 하나가 부젓가락으로 제단에서 집은 바 핀 숯을 손에 가지고 내게로 날아와서 그것을 내 입술에 대며 이르되 보라 이것이 네 입에 닿았으니 네 악이 제하여졌고 네 죄가 사하여졌느니라 하더라"(사 6:6-7). 스랍이 제단에서 가지고 온 뜨거운 숯을 입술에 대는 순간 악이 제하여졌고 죄가 용서되었습니다. 얼마나 멋진 선포입니까! "주홍빛 같은 네 죄 눈과 같이 희겠네!" 용서는 하나님의 크신 사랑을 선포하는 것입니다.

우리는 아무 공로 없이 죄를 용서받았습니다. 우리가 할 수 있는 것은 그 기쁨을 누리는 것입니다. 죄악에서 구원해 주신 하나님을 기뻐해야 합니다. 그 기쁨을 누리는 영혼을 하나님이 기뻐하십니다.

예배는 하나님의 광채를 그분께 기쁘게 되돌려 비추는 한 방법입니다. 단순히 외적 활동을 수행하는 의지적 행위만이 아니라 마음을 쏟아야 합니다. 마음을 담는 것은 생기 넘치는 느낌과 감정과 애정으로 예배한다는 뜻입니다. 의지를 억지로 담아서 표현하라는 뜻이 아니라, 용서해 주신 하나님을 자발적으로 마음껏 느끼고 누리라는 말입니다. 예배마다 기쁨이 넘쳐야 합니다.[35]

또 구원받은 우리가 알게 모르게 짓는 죄가 얼마나 많습니까? 하나님은 과거와 현재 그리고 미래에 지을 죄까지도 모두 용서하셨습니다. 예배드릴 때 자신의 모습을 돌아보십시오. 표정은 왜 그리 굳어 있습니까? 용서받은 우리는 넘치는 기쁨으로 하나님께 영광을 돌려야 합니다.

시편 기자는 "너희는 여호와의 선하심을 맛보아 알지어다"(시 34:8)라고 합니다. 단지 맛을 보는 것이 아니라 느끼고 표현할 수 있어야 합니다. 예수님이 보혈의 공로로 구원의 길을 열어주신 것을 기념하며 떡을 떼고 포도주를 마실 때도, 살아계신 주님이 함께하심을 느껴야 합니다.

예배는 하나님의 말씀을 듣는 것입니다 ———

하나님은 우리에게 언어를 주셨습니다. 그리고 언어를 통해 말씀으로 하나님의 뜻을 드러내셨습니다. 우리는 그 말씀을 눈으로 보고 귀로 듣습니다. 믿음의 눈으로 말씀을 보고, 믿음의 귀로 말씀을 들어야 합니다. 듣는 것이 얼마나 중요한지 예수님은 귀 있는 자는 말씀을 들으라고 강조하십니다. 바울은 "믿음은 들음에서 나며 들음은 그리스도의 말씀으로 말미암았느니라"(롬 10:17)고 말합니다. 예배에서 말씀이 선포될 때 말씀에 귀를 기울여야 합니다.

종교개혁의 큰 의미는 말씀을 되찾은 것입니다. 그 당시 인도자는 회중이 알아듣지도 못하는 라틴어로 말씀을 선포했습니다. 그래서 개혁자들은 말씀을 듣고 이해할 수 있는 자국어로 예배를 드리기 시작했습니다. 예배는 하나님의 말씀이 살아 움직여야 합니다. 종교개혁의 세 가지 캐치프레이즈는 '오직 성경' '오직 믿음' '오직 은혜'입니다. 성경말씀을 들어야 믿음이 생기고 하나님의 은혜를 깨달을 수 있습니다.

이사야는 "내가 누구를 보내며 누가 우리를 위하여 갈꼬"(사 6:8)라는 주님의 음성을 들었습니다. 이처럼 예배는 살아계신 하나님의 말씀을 듣는 것입니다. "누가 우리를 위하여 갈꼬" 같은 하나님의 말씀에 귀 기울여야 합니다. 예배에서 선포되는 모든 말씀은 회중을 향한 하나님의 말씀입니다.

예배는 전인격적으로 응답하는 것입니다 ────

"내가 누구를 보내며 누가 우리를 위하여 갈꼬" 하나님이 이렇게 부르실 때 이사야처럼 "내가 여기 있나이다 나를 보내소서"라는 결단이 필요합니다. 예배에서 우리의 반응은 결단에 있습니다. 말씀을 듣고, 찬양하고, 손을 모으고 기도드리며, 하나님의 말씀에 순종하겠다는 다짐이 있어야 합니다. 우리가 드리는 예배는 영과 진리 안에서 전인격적인 응답이 있어야 합니다.

전인격적인 응답이 있지 않으면 믿음의 균형을 잃습니다. 예배를 드리지만 형식에 익숙해져 매너리즘에 빠지게 됩니다. 습관에 빠지는 것은 아주 무서운 병입니다. 예배를 드려도 기쁨이 없습니다. 구원의 감격과 감동이 없습니다.

신앙생활은 연륜이 아닙니다. 예수님은 천국을 포도원 품꾼에 비유하면서, 나중 된 자가 먼저 될 수 있다고 말씀하십니다(마 20:16). 예배마다 하나님의 말씀에 전인격적으로 응답해야 합니다.

하나님은 우리를 예배자로 부르셨습니다. 예배는 주님이 주신 최고의 사명입니다. 우리는 무엇보다 예배의 사명을 감당해야 합니다. 예배마다 하나님의 임재를 바라보고, 하나님을 찬양하고, 죄를 고백하고, 용서의 기쁨을 맛보고, 말씀을 듣고 그리고 전인격적으로 응답해야 합니다. 이것은 그리스도인이 누릴 수 있는 특권이며 의무입니다. 다시 강조하면, 예배는 믿음으로 보고, 듣고, 말하고, 맛보고, 느끼며, 응답하는 것입니다. 그리하여 하나님과 인격적으로 만나 하나님을 높여드리는 것입니다.

"할렐루야, 여호와의 종들아 찬양하라
여호와의 이름을 찬양하라"

_ 시 113:1

Part 2
성경 속 찬양

I 찬양할 의무가 있는 피조물

모든 피조물은 하나님을 찬양해야 합니다

하나님은 인간에게 음악적 재능을 주셨습니다. 어떤 동물도 흉내 낼 수 없는 소리를 우리에게 주셨습니다. 새가 지저귀는 소리를 들어보십시오. 얼마나 아름답습니까. 사자가 포효하는 소리를 들어보십시오. 얼마나 웅장합니까. 그러나 새의 소리는 섬세하지만 우렁차지 않으며, 사자의 포효하는 소리는 천지를 진동케 하지만 자장가 같이 부드럽지는 않습니다.

하나님의 형상대로 지음받은 인간의 소리는 어떻습니까? 다른 동물과 다르게 아주 여린 소리(pp)부터 아주 센 소리(ff)까지 자유롭게 표현할 수 있습니다. 사람은 음의 높낮이, 장단, 셈여림 등을 마음대로 조절할 수 있도록 창조되었습니다.[36]

이처럼 하나님은 천하보다 귀한 인간을 창조하시고 목소리를 주셨습니다. 또 소리의 특성을 분별할 수 있는 귀를 주셨습니다. 왜 이렇게 감정을 소리로 표현하며 들을 수 있게 하셨을까요? 하나님의 영광을 드러내려고 하신 것입니다. 하나님은 우리에게 찬양할 수 있는 충분한 조건을 허락하시고 찬양할 것을 요구하십니다. 우리가 지닌 신체기관의 주요 기능은 영광과 존귀를 받기에 합당하신 주님을 찬양하는 것입니다.

모든 인간은 신분의 높고 낮음, 빈부귀천, 남녀노소를 막론하고 하나님을 찬양해야 합니다. 하나님은 온 세상을 만들고 주관하는 분이므로, 우리는 하나님의 영광을 높여야 합니다. 찬양은 선택이 아니라 하나님의 명령입니다. 그러므로 영원한 생명을 누리는 구원받은 자녀들의 찬양은 영원히 지속되어야 합니다. 인간은 하나님을 영화롭게 하기 위해 지음받았기 때문입니다.

찬양할 의무가 있는 모든 인간

- "주의 성도들아 여호와를 찬송하며 그의 거룩함을 기억하며 감사하라"_시 30:4
- "할렐루야, 여호와의 종들아 찬양하라 여호와의 이름을 찬양하라"_시 113:1
- "거룩한 자들의 모임 가운데에서 찬양하리이다"_시 89:5
- "할렐루야 내 영혼아 여호와를 찬양하라"_시 146:1
- "총각과 처녀와 노인과 아이들아 여호와의 이름을 찬양할지

어다"_시 148:12-13

- "호흡이 있는 자마다 여호와를 찬양할지어다 할렐루야"_시 150:6
- "여호와 이스라엘의 하나님을 영원부터 영원까지 송축할지로다 하매 모든 백성이 아멘하고 여호와를 찬양하였더라"_대상 16:36
- "어린 아기와 젖먹이들의 입에서 나오는 찬미를 온전하게 하셨나이다"_마 21:16

성경은 온 우주만물에게 하나님을 찬양하라고 말합니다. 시편 148편의 1-6절은 하늘에서 하나님을 찬양하고, 7-14절은 인간 뿐 아니라 땅 위에 존재하는 모든 피조물에게 찬양할 것을 명령합니다. 다시 말해, 1-6절은 천사, 군대, 해, 달, 별, 하늘, 하늘 위에 있는 물에게 찬양할 것을 명하고, 7-10절은 용, 바다, 땅, 불, 우박, 눈, 안개, 광풍, 산, 작은 산, 과수, 백향목, 짐승, 가축, 기는 것, 그리고 하늘을 나는 새에게 찬양할 것을 명하며, 11-14절은 왕, 백성, 고관, 재판관, 총각, 처녀, 노인, 아이들에게 하나님을 찬양하라고 명령합니다. 한마디로 시편 148편의 키워드는 '모든'입니다. 온 우주만물과 모든 인간, 즉 모든 피조물은 하나님을 찬양해야 합니다.

할렐루야 하늘에서 여호와를 찬양하며 높은 데서 그를 찬양할지어다 그의 모든 천사여 찬양하며 모든 군대여 그를 찬양할지어다 해와 달아 그를 찬양하며 밝은 별들아 다 그를 찬양할지어다 하늘의 하늘도 그를 찬양하며 하늘 위에 있는 물들도 그를 찬양할지어다 그것들이 여호와의 이름을 찬양함은 그가 명령하시므로 지음을 받았음이로다 그가 또 그것들을 영원히 세우시고 폐하지 못할 명령을 정하셨도다 너희 용들과 바다여 땅에서 여호와를 찬양하라 불과 우박과 눈과 안개와 그의 말씀을 따르는 광풍이며 산들과 모든 작은 산과 과수와 모든 백향목이며 짐승과 모든 가축과 기는 것과 나는 새며 세상의 왕들과 모든 백성들과 고관들과 땅의 모든 재판관들이며 총각과 처녀와 노인과 아이들아 여호와의 이름을 찬양할지어다 그의 이름이 홀로 높으시며 그의 영광이 땅과 하늘 위에 뛰어나심이로다 그가 그의 백성의 뿔을 높이셨으니 그는 모든 성도 곧 그를 가까이 하는 백성 이스라엘 자손의 찬양 받을 이시로다 할렐루야
_ 시 148:1-14

성 프랜시스(St. Francis of Assisi)가 지은 "온 천하 만물 우러러"(69장)는 우주만물과 함께 하나님을 찬양할 것을 강조한 찬송입니다. 이 찬송은 자연계를 포함해 많은 피조물, 즉 '온 천하 만물, 해, 달, 바람, 구름, 아침 해, 저녁 노을, 맑은 물, 밝은 불, 땅, 꽃과 열매, 선한 마음을 가진 자, 고통과 슬픔을 지닌 자, 은혜받은 만민'을 포함하고 있습니다.

찬양할 의무가 있는 온 땅과 우주만물

- "온 땅이여 하나님께 즐거운 소리를 낼 지어다 그의 이름의 영광을 찬양하고 영화롭게 찬송할지어다"_시 66:1-2
- "너희 모든 나라들아 여호와를 찬양하며"_시 117:1
- "여호와여 주의 기이한 일을 하늘이 찬양할 것이요"_시 89:5
- "해와 달아 그를 찬양하며 밝은 별들아 다 그를 찬양할지어다 하늘의 하늘도 그를 찬양하며 하늘 위에 있는 물들도 그를 찬양할지어다"_시 148:3-4
- "모든 피조물이 이르되 보좌에 앉으신 이와 어린양에게 찬송과 존귀와 영광과 권능을 세세토록 돌릴지어다"_계 5:13

성경은 여러 곳에서 천사들이 하나님을 찬양한 장면을 보여줍니다. 태초부터 영원까지 찬양받기에 합당하신 주님을 천사들도 찬양한 것입니다. 우리가 성탄절에 부르는 찬송 "천사들의 노래가"(125장)는 천사들이 노래하는 상황을 잘 묘사합니다.

찬양할 의무가 있는 모든 천사

- "여호와의 천사들이여 여호와를 송축하라"_시 103:20
- "할렐루야 하늘에서 여호와를 찬양하며 높은 데서 그를 찬

양할지어다 그의 모든 천사여 찬양하며 모든 군대여 그를
찬양할지어다"_ 시 148:1-2

• "수많은 천군이 그 천사들과 함께 하나님을 찬송하여 이르
되 지극히 높은 곳에서는 하나님께 영광이요 땅에서는 하나
님이 기뻐하신 사람들 중에 평화로다 하니라"_ 눅 2:13-14

• "많은 천사의 음성이 있으니 그 수가 만만이요 천천이라 큰
음성으로 이르되 죽임을 당하신 어린 양은 능력과 부와 지
혜와 힘과 존귀와 영광과 찬송을 받으시기에 합당하도다"
_ 계 5:11-12

언제 어디서나 찬양해야 합니다

하나님이 원하시는 찬양 시간은 언제일까요? 주일 예배시간일
까요, 아니면 일주일 간의 삶 가운데일까요? 만일 일주일 간 엉망
진창으로 살았다면 당신이 드리는 예배를 하나님이 받으실까요?
그것이 계속 반복된다면 하나님이 기뻐하실까요? 한주 간의 삶
에서 승리하지 못하면 주일예배의 승리는 희박해집니다. 반대로
주일예배가 은혜롭지 못하면, 일주일의 삶에서 승리하기가 어려
워집니다. 하나님은 예배시간처럼 한정된 시간뿐 아니라 삶의 모
든 현장에서 찬양받기 원하십니다.

특히 환난 중에도 하나님을 찬양하며, 천국 소망을 갖고 살기
를 원하십니다. 바울은 로마서 5장 3-4절에서 "우리가 환난 중에

도 즐거워하나니 이는 환난을 인내를, 인내는 연단을, 연단은 소망을 이루는 줄 앎이로다"라고 말합니다. 어떻게 환난 중에 즐거워하며 찬양할 수 있겠습니까. 정말 어려운 일입니다. 그러나 하나님이 함께하시면 가능합니다.

바울과 실라가 감옥에서 부른 찬양은 분명 기쁨이 넘치는 감사의 찬양이었을 것입니다. 감옥에 갇힌 자가 밖에서 자유로운 성도들에게 "주 안에서 항상 기뻐하라 내가 다시 말하노니 기뻐하라"(빌 4:4)고 권면합니다. 이것은 주안에 있을 때 가능한 일입니다. 우리는 기쁠 때나 슬플 때, 가난할 때나 감사가 넘칠 때, 병에 걸렸을 때나 병 고침을 받았을 때 등 언제나 하나님을 찬양해야 합니다. 하나님은 하나님이시기 때문입니다.

찬양해야 할 때

- 기쁠 때 약 5:13
- 슬플 때 욥 1:21
- 낙심될 때 시 42:5
- 가난할 때 시 74:21
- 감사할 때 대하 7:6
- 회개할 때 시 51:14
- 성전 문에 들어갈 때 시 100:2-4
- 하나님의 말씀을 들을 때 느 5:13

- 기적이 일어날 때 눅 18:43
- 병 고침을 받았을 때 행 3:8
- 아침에 시 59:16
- 아침과 저녁마다 대상 23:30
- 하루에 일곱 번씩 시 119:164
- 종일토록 시 35:28; 71:8
- 날마다 시 145:2
- 항상 시 34:1; 71:6
- 평생 시 63:4; 104:33
- 일생동안 시 104:33
- 영원히 시 61:8
- 이제부터 영원까지 시 113:2

성경은 우리가 찬양해야 할 장소를 구체적으로 말합니다. 교회에서 예배할 때만 찬양하라고 하지 않습니다. 성소뿐 아니라 우리가 머무는 모든 장소에서 찬양하라고 명령합니다. 가정, 일터, 심지어 감옥에 갇혔을 때도 주님을 찬양해야 합니다. 이 세상뿐 아니라 시간과 공간을 초월해 천국에서도 하나님을 찬양해야 합니다.[37]

시인 엘리엇(T. S. Eliot)은 "당신이 지금 좋은 책을 읽고 있지 않다면, 분명 나쁜 책을 읽게 될 것"이라고 말했습니다. 지금 하나님을 찬양하고 있지 않다면, 당신은 세상에 취해 세상의 것을 찬

양하게 될 거라는 의미입니다. 우리에게 예수 그리스도는 전부가
되어야 합니다. 그러므로 우리는 시간과 장소를 초월해 어느 곳
에 있든지 하나님을 찬양해야 합니다.

찬양해야 할 장소

- 가정에서 행 2:46-47
- 침상에서 시 149:5
- 궁정에서 시 100:4
- 성소에서 시 150:1
- 교회에서 히 2:12
- 권능의 궁창에서 시 150:1
- 정직한 자들의 모임과 회중 가운데서 시 111:1
- 거룩한 자들의 모임 가운데서 시 89:5
- 성도의 모임 가운데서 시 149:1
- 많은 사람 중에서 시 109:30
- 많은 백성 중에서 시 35:18
- 만민 중에서 시 57:9; 108:3
- 전쟁터에서 대하 20:21
- 옥중에서 행 16:25
- 하늘에서 시 148:1
- 천국에서 14:3

- 시온에서 렘 31:12
- 신들 앞에서 시 138:1
- 땅 끝에서부터 사 42:10-12
- 해 돋는 데서부터 해 지는 데까지 시 113:3

넘치는 기쁨으로 찬양해야 합니다

하나님은 기쁨으로 찬양하라고 말씀하십니다. 기쁨의 발산은 자발적으로 드릴 때 나타납니다. 의무로 드리는 찬양에는 기쁨이 있을 수 없습니다. 하나님은 우리를 구원하시고 기쁨과 즐거움이 넘치는 자발적인 찬양을 요구하십니다. 어떤 환경이든지 항상 기뻐하라고 말씀하시며, 하나님은 기쁨의 근원이심을 드러내십니다. 다른 곳에서 기쁨을 찾지 말고 "여호와를 기뻐하라"(시 37:4)고 말씀하십니다. 하나님께 감사한 마음으로 찬양할 때 기쁨과 즐거움이 묻어납니다. 시편 기자는 "내가 주를 찬양할 때에 나의 입술이 기뻐 외치며 주께서 속량하신 내 영혼이 즐거워하리이다"(시 71:23)라고 말합니다.

찬양하는 올바른 자세

- 기쁨으로 시 9:2; 28:7; 63:5; 71:23; 100:2; 149:5; 렘 31:7
- 즐거움으로 대하 23:13; 29:30; 시 9:2; 66:1-2; 100:1

- 감사함으로 시 33:2; 92:1-3; 147:7; 대하 31:2; 롬 15:9

샘 스톰즈(Sam Storms)의 『나의 행복 하나님의 기쁨』에 나오는 이야기입니다. 네팔 카트만두에 어느 선교사가 살고 있었습니다. 그때까지 이 선교사는 힌두교의 수백만 신들을 다 본 줄 알았습니다. 그런데 분주한 거리 한복판에서, 한 힌두교 여인이 황소의 배설물 앞에서 엎드려 절하는 모습을 보았습니다. 만인이 보는 큰길에서 여자는 자신의 신을 지극 정성으로 받들고 있었습니다. 창피해하지도 않았고 머뭇거리는 기색도 없었습니다. 사람들이 비웃을까 봐 두려워하지도 않았습니다. 이 여자는 그 동물 배설물을 위해 죽음까지 불사할 것처럼 보였습니다.

비록 잘못된 대상일망정 냄새 고약한 동물의 배설물에 절하며 찬양한 그 뜨거운 열정을 가늠해 보십시오. 이 이야기의 요지는 무엇입니까? 그리스도인은 살아계신 하나님을 찬양한다고 말하면서도, 열정은 배설물 덩어리에 절하는 그 여인보다 덜하지는 않습니까![38] 진정한 찬양은 온 마음을 다해 전심으로 하나님을 찬양하는 것입니다.

찬양하는 올바른 마음가짐

- 전심으로 시 9:1-2; 86:12-13; 138:1
- "하나님이여 내 마음을 정하였사오니 내가 노래하며 나의

마음을 다하여 찬양하리로다"_시 108:1
- "다윗과 이스라엘 온 무리는 하나님 앞에서 힘을 다하여 뛰놀며 노래하며 수금과 비파와 소고와 제금과 나팔로 연주하니라"_대상 13:8

무엇보다 영과 마음으로 찬양해야 합니다. 바울은 에베소서 5장 18절에서 찬양의 목적과 기능을 규정하기에 앞서 "성령으로 충만함을 받으라"고 말합니다. 성령의 임재 없이 영적인 찬양을 하나님께 드릴 수 없기 때문입니다. 골로새서 3장 16절에서 "그리스도의 말씀이 너희 속에 풍성히 거하여"라는 말씀처럼 진리이신 그리스도 안에서 찬양해야 합니다. 하나님이 원하시는 찬양은 인간 중심이 아니라 하나님 중심의 영과 마음으로 드리는 찬양입니다.

영과 마음으로 드리는 찬양

- 영(spirit)으로 고전 14:15; 시 103:1
- 마음(mind, understanding)으로 고전 14:15

2 찬양해야 할 이유

구 원 의 하 나 님
인간을 창조하고 구원하셨기 때문입니다

우리가 하나님을 찬양할 수밖에 없는 이유가 있습니다. 가장 근본적인 이유는 우리를 창조하시고 구원하셨기 때문입니다. 이사야 43장 21절에서는 하나님이 인간을 창조한 목적을 "이 백성은 내가 나를 위하여 지었나니 나를 찬송하게 하려 함"(사 43:21)이라고 말합니다. 시편 148편 5절에서도 "여호와의 이름을 찬양함은 그가 명령하시므로 지음을 받았음이로다"라고 창조의 목적을 밝히고 있습니다. 또 죄 때문에 멸망할 수밖에 없는 우리를 죄 가운데서 건지시고 구원하셨기 때문입니다. 우리를 지으시고 구원하신 은혜를 생각하며 하나님의 영광을 찬양해야 합니다.

"우리가 살아도 주를 위하여 살고 죽어도 주를 위하여 죽나니 그러므로 사나 죽으나 우리가 주의 것이로다 이를 위하여 그리스도께서 죽었다가 다시 살아나셨으니 곧 죽은 자와 산 자의 주가 되려 하심이라"(롬 14:8-9). 구원받은 우리는 주님과 동행하며 영원히 주님만 찬양해야 합니다. 죽고 사는 문제뿐 아니라 먹고 마시는 것조차도 나 중심이 아니라 하나님 중심으로 주님의 영광을 드러내야 합니다(고전 10:31). 우리는 하나님의 영광을 위해 창조되었기 때문입니다. 하나님은 우리를 세우시고 영원토록 찬양과 경배를 받기 원하십니다.[39]

우리를 자녀 삼으신 목적은 "그 기쁘신 뜻대로 우리를 예정하사 예수 그리스도로 말미암아 자기의 아들들이 되게 하셨으니 이는 그가 사랑하시는 자 안에서 우리에게 거져 주시는 바 그의 은혜의 영광을 찬송하게 하려는 것이라"(엡 1:5-6)는 말씀에도 잘 나타나 있습니다. 하나님은 우리에게 사랑을 아낌없이 부어주셨습니다. 이것이 구원의 은혜입니다. 우리는 하나님께서 값없이 주신 구속의 은혜를 마음껏 찬양해야 합니다.

구원의 하나님에 대한 찬양

- "여호와는 살아 계시니 나의 반석을 찬송하며 내 구원의 하나님을 높일지로다"_시 18:46
- "여호와는 나의 능력과 찬송이시요 또 나의 구원이 되셨도다"_시 118:14

- "여호와의 이름을 찬양함은 그가 명령하시므로 지음을 받았음이로다"_시 148:5; 느 9:6

- "여호와께서 나를 구원하시리니"_사 38:20

- "이 백성은 내가 나를 위하여 지었나니 나를 찬송하게 하려 함이니라"_사 43:21

- "찬송하리로다 주 이스라엘의 하나님이여 그 백성을 돌보사 속량하시며"_눅 1:68

- "그 기쁘신 뜻대로 우리를 예정하사 예수 그리스도로 말미암아 자기의 아들들이 되게 하셨으니 이는 그가 사랑하시는 자 안에서 우리에게 거져 주시는 바 그의 은혜의 영광을 찬송하게 하려는 것이라"_엡 1:5-6

거 룩 하 신 하 나 님
찬양받기에 합당한 분이기 때문입니다

천국에 대한 여러 가지 이야기가 있습니다. 분명한 것은 하나님께 올려드리는 찬양은 천국에서도 계속된다는 것입니다. 요한계시록에 나타난 하나님을 찬양하는 모습을 통해, 천상에서 드리는 경배와 찬양의 모습을 봅니다. 요한계시록 4장 11절과 5장 12절에서 "죽임을 당하신 어린양은 능력과 부와 지혜와 힘과 존귀와 영광과 찬송을 받으시기에 합당하도다"라며 찬양을 드립니다. 하나님은 모든 영광을 받으시기에 합당한 분이기 때문입니다.

우리는 하나님이 어떤 분인지 알고 하나님의 성품을 구체적으로 찬양해야 합니다. 하나님의 거룩하심, 자비하심, 인자하심, 성실하심, 전능하심, 광대하심, 어떤 피조물도 흉내조차 낼 수 없는 완전함과 아름다움을 찬양해야 합니다. 하나님은 피조물과 구별된 전지전능하신 분입니다. 우리는 유한하지만 주님은 무한하시며, 우리는 흠이 많지만 주님은 거룩하십니다.[40] 이러한 하나님은 유일하게 찬양받기에 합당하십니다.

찬양받기에 합당하신 하나님의 속성

- 거룩하심 출 15:11; 사 6:3; 시 22:3; 30:4; 계 4:8
- 자비하심 대하 20:21
- 인자하심 시 89:1; 101:1; 107:8; 108:3-4; 138:2
- 성실하심 시 71:22-23; 89:1; 138:2; 사 25:1
- 광대하심 시 48:1; 96:1-4; 145:3; 150:2; 대상 16:25
- 위엄 있으심 사 24:14; 출 15:11
- 인자와 공의로우심 시 101:1
- 능력과 찬송이심 시 118:14
- 지혜와 능력이 있으심 단 2:20; 시 21:13
- "우리 주 하나님이여 영광과 존귀와 권능을 받으시는 것이 합당하오니"_계 4:11
- "능력과 부와 지혜와 힘과 존귀와 영광과 찬송을 받으시기

에 합당하도다"_계 5:12

우리에게 찬양을 명령하셨기 때문입니다

찬양은 하나님의 명령입니다. 말씀을 듣고 보는 것, 거룩한 삶을 사는 것, 하나님께 사랑을 고백하며 찬양하는 것은 선택할 수 있는 사항이 아니라 반드시 해야 하는 하나님의 명령입니다. 하나님은 스스로 찬송의 주인임을 선포하시고, 모든 피조물에게 찬양할 것을 요구하십니다.

하나님이 외로워서 찬양을 명령하는 것이라 생각합니까? 그렇지 않습니다. 하나님은 완벽하십니다. 사실 하나님은 우리가 없어도 전혀 부족함이 없으십니다. 그런데 왜 찬양을 요구하실까요? 우리를 아낌없이 사랑하시기 때문입니다.

왜 찬양을 명령하는 것이 사랑일까요? 우주만물을 초월해 제일 좋은 것, 바로 하나님 자체를 우리가 보고 감탄하도록 내어주는 것보다 큰 사랑이 없기 때문입니다. 오히려 하나님이 자신을 찬양하지 말라고 하는 것이 그분을 이기적으로 만드는 것입니다. 최고의 것을 누리지 못하게 막는 것이기 때문입니다. 찬양은 기분 좋은 의무사항입니다. 아름다움에 한계가 없는 하나님을 만끽하라는 아주 즐거운 명령입니다.

혹시 하나님을 찬양하는 것이 즐겁지 않다면, 온 우주를 뒤져

서라도 하나님보다 더 좋은 것을 찾아보십시오. 그래서 바울은 예수님을 알게 된 후 세상의 모든 것을 배설물로 여긴다고 고백했습니다(빌 3:8). 하나님보다 더 황홀하고 신기하고 매혹적이고 아름답고 압도하는 것이 있는지 찾아보십시오. 영원하고 완전한 만족을 주시는 분은 하나님밖에 없습니다. 이것이 하나님을 찬양하라는 명령을 따를 수밖에 없는 이유입니다.[41]

찬양은 하나님의 명령

- "하나님을 영원부터 영원까지 찬양할지어다"_시 106:48
- "여호와의 이름을 찬양함은 그가 명령하시므로"_시 148:5
- "호흡이 있는 자마다 여호와를 찬양할지어다"_시 150:6
- "나는 내 영광을 다른 자에게, 내 찬송을 우상에게 주지 아니하리라"_사 42:8
- "나 여호와를 찬송할 것이요"_사 62:9
- "하나님의 종들 곧 그를 경외하는 너희들아 작은 자나 큰 자나 다 우리 하나님께 찬송하라"_계 19:5

3 찬양의 방법과 능력

목소리와 악기 그리고 행위로 찬양합니다[42]

하나님은 자기의 형상을 따라 우리를 만들고 이성과 감성을 주셨습니다. 특히 하나님 자신을 드러내기 위해 언어를 주시고, 성경말씀을 통해 하나님의 뜻을 나타내셨습니다. 이것은 인간이 받은 하나님의 특별한 은혜입니다. 가사를 통해 표현할 수 있는 것은 인간만이 가진 특권입니다.

그래서 우리는 하나님께서 주신 언어를 음악에 담아 하나님을 찬양합니다. 가장 근본적인 찬양은 언어를 통한 찬양입니다. 하나님이 지으신 인간의 목소리는 다른 피조물이 흉내조차 낼 수 없을 만큼 아름답습니다. 목소리로 말하고 외치며 노래함으로써 하나님을 찬양합니다. 목소리로 찬양하는 것은 우리의 심령을 하나님께 드리는 최고의 수단입니다.

목소리로 하나님을 찬양

- 말하는 것 시 34:3; 107:32; 126:2; 145:21
- 외치는 것 계 7:10; 시 32:11; 47:1
- 노래 시 27:6; 28:7; 33:3; 59:16-17; 68:4; 69:30; 96:1; 98:1-4; 100:1-2; 104:33; 107:22; 144:9; 147:7; 149:1; 엡 5:19

언어뿐 아니라 몸짓은 하나님을 찬양하기에 좋은 수단입니다. 언어는 확실한 진리를 선포하는 도구이며, 언어로 도저히 표현할 수 없는 것은 몸짓으로 더 깊이 표현합니다. 다시 말해, 말이나 노래로 사랑을 고백할 수 있지만, 어떤 경우는 몸짓으로도 우리의 간절한 심령을 표현합니다. 손을 모으고 고개를 숙여 기도하는 것, 찬양하기 위해 앉고 일어서는 것, 봉헌하는 것, 춤을 추는 것 등 온갖 몸짓으로 하나님을 찬양합니다.

행위로 하나님을 찬양

- 손뼉을 침 시 47:1
- 일어남 시 134:1
- 허리를 굽힘 시 95:6; 대하 29:30

- 무릎을 꿇음 시 95:6
- 춤을 춤 삼하 6:14-16; 시 30:11; 149:3; 150:4
- 기뻐 뜀 행 3:8
- 손을 들음 시 63:4; 119:48; 134:2; 143:6

찬양할 때의 몸동작을 부정적으로 생각하는 예배자들이 있습니다. 이런 경우 찬양인도자는 다양한 문화적 배경을 가진 공동체 구성원을 고려해야 합니다. 인도자 위주로 몸동작을 지나치게 요구하면 오히려 찬양에 방해가 될 수 있습니다. 인도자는 모든 예배 행위가 자발적으로 표현될 수 있도록 자연스럽게 이끌어야 합니다.

- 손을 드는 행위는 성경적이다.
- 손을 드는 것은 항복(포기), 영접(받아들임), 축하, 정신집중을 의미한다.
- 손을 드는 행위는 외적 표현이므로 깊고 신실한 내면의 느낌을 받쳐주어야 한다.
- 손을 드는 사람이 그렇지 않은 사람보다 더 거룩한 것은 아니다.
- 손을 드는 것이 편안하게 느껴지는 사람은 자유롭게 손을 들 수 있지만, 그렇지 않은 사람에게 강압적으로 요구해서는 안 된다.

악기연주도 비언어적인 표현에 해당합니다. 교회음악가 미첼(Robert H. Mitchell)은, 오르간 전주는 회중에게 신호로서(as signal), 분위기를 조성하는 음악으로서(as mood inducer), 음악을 통한 예배로서(as worship through music) 또는 연상작용처럼 개념을 통한 예배로서(as worship through ideas) 작용한다고 주장했습니다.[43] 기악음악은 음악 자체로 하나님을 예배한다는 데 높은 가치를 두어야 합니다.

사도 바울은 에베소서 5장 19절에서 "시와 찬송과 신령한 노래들로 서로 화답하며 너희의 마음으로 주께 노래하며 찬송하며"라고 말합니다. 영어성경(NASB)에서는 "주께 노래하며 찬송하며"를 "singing and making melody with your heart to the Lord"로 번역했습니다. 다시 말해 "노래하며"는 가사가 있는 시와 찬송과 신령한 노래를 언급한 것이며, "찬송하며"는 가사 없이 악기로 연주하는 것을 말한 것입니다. 기악음악은 언어로 표현할 수 없는 것까지도 영과 마음으로 하나님을 찬양하게 합니다.

구약성경에서는 악기 사용하는 것을 자주 볼 수 있습니다. 시편 150편만 보더라도 나팔(trumpet), 비파(lyres), 수금(harps), 제금(cymbal. tambourin), 소고(drum), 현악(violin), 퉁소(flute)를 언급하고 있습니다. 시편 4편에서 '인도자를 따라 현악에 맞춘 노래'라는 문구를 볼 수 있는데, 여러 곳에서 현악기가 사용된 것을 알 수 있습니다. 현대 교회는 악기연주자들이 참여할 수 있도록 예배에 알맞게 악기 사용을 장려해야 합니다.

악기로 하나님을 찬양

- 현악 시 150:4
- 퉁소 시 150:4
- 제금 시 150:5
- 십현금 시 92:1
- 나팔 시 47:5; 81:3; 98:6; 150:3
- 소고 시 68:25; 81:2; 149:3; 150:4
- 비파 시 33:2; 57:8; 71:22; 81:2; 92:1; 108:2; 144:9; 150:3
- 수금   시 33:2; 43:4; 49:4; 57:8; 71:22; 81:2; 92:1; 98:5; 108:2; 137:2; 147:7; 149:3; 150:3

찬양은 황소를 드리는 것보다 여호와를 기쁘시게 한다고 시편 69편 31절은 말합니다. 찬양은 하나님께서 기뻐하시는 예배의 방법이며, 입술의 고백으로 드리는 제물입니다. 그러므로 우리는 아름다운 찬양을 하나님께 드려야 합니다.

시편 100편은 즐거움과 기쁨, 감사 그리고 찬양을 하나님께 올려 드립니다. 이렇게 반응하는 것은 하나님을 예배하기 때문입니다. 다시 말해, 찬양은 하나님의 창조주 되심, 선하심, 신실하심, 사랑의 근원 되심, 즉 하나님의 은혜를 깨닫고 터져나오는 자발적인 반응인 것입니다.

찬양은 예배의 한 방법

- "황소를 드림보다 여호와를 더욱 기쁘시게 함"_시 69:30-31
- "찬송함으로 그의 궁정에 들어가서"_시 100:4
- "여호와께 구속 받은 자들이 돌아와 노래하며"_사 51:11
- "수송아지를 대신하여 입술의 열매를 주께 드리리이다"_호 14:2
- "나는 감사하는 목소리로 주께 제사를 드리며"_욘 2:9
- "항상 찬송의 제사를 하나님께 드리자"_히 13:15

찬 양 의   능 력
영혼에 기쁨이 넘치게 합니다

바울과 실라가 기도하고 찬송할 때 기적처럼 놀라운 일이 일어났습니다. 옥문이 열리고 묶였던 사슬이 풀렸습니다. "한밤중에 바울과 실라가 기도하고 하나님을 찬송하매 죄수들이 듣더라 이에 갑자기 큰 지진이 나서 옥터가 움직이고 문이 곧 다 열리며 모든 사람의 매인 것이 다 벗어진지라"(행 16:25-26). 감옥을 지키던 간수는 놀라운 일을 보고 회개하여, 마침내 온 가족이 하나님을 믿고 구원 얻는 일이 일어났습니다.

찬양 중에 거하신 하나님의 놀라운 은혜가 기적처럼 일어난 것입니다. 바울과 실라가 옥중에서 드린 기도와 찬양은 원망과 실망의 외침이 아니라, 고난 중에도 기쁨이 넘치는 고백이었을 것입니다. 간수와 온 식구가 하나님을 믿고 크게 기뻐한 것처럼 찬양은 영혼에 기쁨을 안겨줍니다. 회개와 기적을 일으키는 놀라운 능력이 있습니다.

역대하 20장에 나오는 여호사밧과 유다가 승리한 전쟁은 또 어떻습니까? "백성과 더불어 의논하고 노래하는 자를 택하여 거룩한 예복을 입히고 군대 앞에서 행진하며 여호와를 찬송하여 이르기를 여호와께 감사하세 그의 인자하심이 영원하도다 하게 하였더니 그 노래와 찬송이 시작될 때에 여호와께서 복병을 두어 유다를 치러 온 암몬 자손과 모압과 세일 산 주민들을 치게 하시므로 그들이 패하였으니"(대하 20:21-22).

이렇게 기이한 전쟁사가 있을 수 있을까요? 갑옷을 입어도 모자랄 텐데 가운을 입고 전쟁터로 나갔으며, 총을 들고 가도 될까 말까인데 노래를 부르다니 이해가 됩니까? 전쟁에 참여한 유다 백성의 믿음은 참으로 훌륭했습니다. 선지자를 통해 하나님이 함께하심을 알렸을 때 유다 백성은 하나님을 소리 높여 찬양하기 시작했습니다. 이성적으로 어디 있을 법한 일입니까? 적군이 바로 국경선까지 침입했는데 찬양대가 앞장서서 찬양할 수 있겠습니까? 전쟁이 아니라 소풍을 간다고 해도 그렇게 할 수 없을 것입니다. 정신 나간 행동 같지만 정신이 나가서가 아니라, 하나님을 신뢰했기 때문에 가능한 행동이었습니다.

그들이 "여호와께 감사하세 그의 인자하심이 영원하도다"라고 찬양할 때 기적이 일어났습니다. 적군이 서로 싸워 유다가 완전한 승리를 거두었습니다. 찬양을 시작하자 하나님이 개입하신 것입니다. 전쟁에서 승리한 그들은 기쁨이 넘쳤습니다. 이와 같이 하나님을 온전히 신뢰하여 믿음으로 부른 찬양은 기적을 가져옵니다.

침례교 초기 선교사로 한국에 온 펜윅은 찬양하는 것을 무척 좋아했습니다. 그는 선교하는 동안 여섯 권의 찬송가책을 발행할 정도로 찬양하는 것을 중요하게 여겼습니다. 펜윅은 "찬송가 한 장으로 구원에 이르게 할 수 있다"며 찬송 부르기를 강조했습니다. 복음을 곡조에 실어서 전할 때 구원의 능력이 일어난다고 주장한 것입니다. 찬양은 구원에 이르게 하고 영혼에 기쁨이 넘치게 합니다.

구원에 이르게 하는 찬양

- 구원의 역사   행 2:47
- 회개와 기적이 일어남   행 16:25-26; 대하 20:14-22

영혼을 즐겁게 하는 찬양

- 영혼이 즐겁고 만족함   사 61:3

- 영적 무기임 마 21:16; 시 8:2; 출 15:21
- 상쾌하여 낫고 악령이 떠나감 삼상 16:23

찬 양 의   결 과
믿음으로 승리하게 합니다

하나님은 찬양받으시려고 우리를 창조하셨습니다. 당연히 우리가 드리는 찬양은 하나님을 영화롭게 할 뿐 아니라 우리에게도 복된 일입니다. 우리가 누리는 복은 우리를 변하게 합니다. 찬양할 때 심령이 새로운 힘을 얻어 기쁨과 평안이 넘치는 삶을 살게 됩니다. 이것이 바로 하나님의 은혜로 맛볼 수 있는 찬양의 능력입니다.

지금 주 안에서 승리하고 있는지 아니면 실패하고 있는지 알고 싶습니까? 그렇다면 당신의 삶 속에서 찬양이 흘러나오는지 돌아보십시오. 일이 잘된다고 좋아서 흥얼거리는 것이 아니라, 어떤 어려움이 있더라도 하나님을 의지하며 부르는 찬양에는 능력이 있습니다. 환경에 따라 감정에 의존하여 부르는 노래는 찬양이 아니라 그저 노래일 뿐입니다.

찬양할 때 가장 중요한 것은 환경도 시간도 분위기도 아닙니다. 우리의 마음입니다. 우리 마음이 하나님을 향해 있지 않으면 소용없습니다. 칼빈은, 인간 마음은 우상을 만드는 공장이라고 했습니다. 하나님을 찬양하는 데 가장 큰 걸림돌은 환경이라는 우상입니다. 옛날 사람들이 숭배했던 황금송아지만이 우상은 아닙니다. 지금도 우상이 넘쳐납니다. 교묘하게 생김새만 바꿨을 뿐 우리 마음속 한가운데 자리 잡고 있습니다.[44]

　마음에 있는 우상을 제거하고 하나님을 찬양할 때 두려움이 사라지고 하나님을 온전히 의지하게 됩니다. 다윗은 시편 40편 3절에서 "많은 사람이 보고 두려워하여 여호와를 의지하리로다"라고 했습니다. 찬양하는 자뿐 아니라 듣는 사람들까지 하나님을 의지하게 됩니다. 찬송의 능력이 바로 여기에 있습니다. 환경을 바라보지 않고 오직 주님만 바라보게 됩니다.

　결과적으로 영혼과 마음 그리고 몸이 힘을 얻는 놀라운 일이 일어납니다. 다윗은 "여호와는 나의 힘과 나의 방패이시니 내 마음이 그를 의지하여 도움을 얻었도다 그러므로 내 마음이 크게 기뻐하며 내 노래로 그를 찬송하리로다"(시 28:7)라고 넘치는 기쁨을 고백합니다.

　또 "내가 하나님을 의지하고 그 말씀을 찬송하올지라 내가 하나님을 의지하였은즉 두려워하지 아니하리니"(시 56:4)라고 말합니다. 찬양은 우리를 위로하고 어려움을 이길 수 있는 힘과 용기를 줍니다. 그리고 하나님의 은혜에 감사하게 합니다. 찬양은 하나님을 의지하게 하여 우리를 다시 일으켜 세웁니다. 그리고 찬양할 때 악한 마귀는 도망가게 됩니다. 루터는 고난 중에도 "내 주는 강한 성이요 방패와 병기가 되신다"고 고백하며 믿음으로 승리했습니다.

믿음으로 승리하게 하는 찬양

- 수치를 당하지 않음 욜 2:26
- 여호와를 의지함 시 40:3
- 두려움이 사라짐 시 56:3-4
- 마음이 기쁨 시 28:7

4 찬양에 사용된 성경의 표현

'아멘'은 하나님을 신뢰하는 최고의 고백입니다[45]

하나님은 인류에게 다양한 언어를 주셨습니다. 그리고 모든 민족이 공유할 수 있는 단어를 주셨습니다. 이것은 구약과 신약시대뿐 아니라 모든 시대와 지역 그리고 문화를 초월한 단어입니다. 이렇게 가장 많이 사용되는 단어가 무엇일까요? 단연코 '아멘'과 '할렐루야'입니다. 그리스도인은 '아멘'으로 믿음을 고백하며, '할렐루야'를 외침으로 하나님께 영광을 돌립니다.

찬양할 때, 기도할 때, 말씀 들을 때, 삶 가운데서 가장 많이 외치는 말은 '아멘'입니다. 아멘은 '그렇게 이루어진 것을 믿습니다' '그렇게 이루어지고 있는 것을 믿습니다' 그리고 '그렇게 이루어질 것을 믿습니다'라고 살아계신 하나님을 믿고 의지하는 고백입니다. 이 고백은 과거와 현재 그리고 미래를 확증하는 것으로써, 하나님께 최고의 신뢰를 표현하는 것입니다. 그러므로 아멘은 하나님의 자녀를 하나로 묶어내는 단어입니다. 아멘은 말씀과 기도 그리고 찬양을 인정한다는 의미로써, 마음속 깊은 곳에서 우러나오는 믿음의 표현입니다.

우리는 하나님의 말씀을 들으면서 아멘으로 고백하고, 기도를 아멘으로 마치며, 찬양 후에도 아멘으로 응답합니다. 이처럼 모든 그리스도인은 아멘을 외침으로 하나님을 신뢰하며 믿음을 고백합니다. 대부분의 찬송은 아멘으로 마치고, 찬양곡에서 아멘을 노래하며, 어떤 곡들은 아멘으로만 주님을 찬양하기도 합니다. 헨델이 작곡한 〈메시아〉 중 마지막 곡인 "죽임당하신 어린양"의 후반부 팔십 여 마디는 모두 '아멘'으로만 구성되었습니다.

바울이 강조했듯이 찬양할 때는 중언부언하지 말고 영과 마음으로 찬양해야 합니다. 그래야 모든 성도가 아멘으로 고백할 수 있습니다. "내가 영으로 기도하고 또 마음으로 기도하며 내가 영으로 찬송하고 또 마음으로 찬송하리라 그렇지 아니하면 네가 영으로 축복할 때에 알지 못하는 처지에 있는 자가 네가 무슨 말을 하는지 알지 못하고 네 감사에 어찌 아멘 하리요"(고전 14:15-16).

아멘(A-men) ─────

- **성경의 근거** 민 5:22; 대상 16:36; 느 8:6; 롬 1:25; 16:27; 고전 14:16 등

- **용어의 의미** 맹세와 동감의 표현, 기도와 찬양 후에 사용
- **찬양의 예** 많은 찬송 끝에 아멘을 사용, "아멘 아멘 주 예수여" 등

아멘을 사용한 성경말씀

- 진술에 대한 동감의 표현 왕상 1:36
- 맹세의 표현 민 5:22
- 찬양 끝에 사용 대상 16:36; 느 8:6
- 송영 끝에 첨가 롬 1:25; 16:27
- 그리스도를 '아멘이신 분'으로 기록 계 3:14
- 하나님께 영광을 돌리기 위해 사용 고후 1:19-20
- 기도와 찬양 후에 사용 고전 14:16; 시 72:19; 89:52; 106:48

이와 같이 '아멘'은 하나님이 주신 귀한 선물입니다. 하나님을 믿는다고 강력하게 고백할 수 있도록 주신 것입니다. 모든 그리스도인에게 문화를 초월해 이런 용어를 주신 것은 세상의 모든 자녀가 하나 되어 하나님의 영광을 높이기를 원하시기 때문입니다.

할렐루야(Hallelujah) ───

- **성경의 근거** 시편 150편을 비롯하여 계 19:1,3,4,6 등
- **용어의 의미** '여러분, 하나님을 찬양하십시오.'

- **찬양의 예** 수많은 찬양, 헨델의 〈할렐루야〉 등. "온 천하 만물 우러러"(69장), "구원받은 천국의 성도들"(244장), "할렐루야 우리 예수"(161장), "예수 부활했으니"(164장), "할렐루야 살아계신 주" "할렐루야 마라나타" "찬양 할렐루야" "기뻐하며 왕께 노래 부르리" 등

'아멘'과 '할렐루야'뿐 아니라 '시온' '예루살렘' '임마누엘' '알파와 오메가' '에벤에셀' 등 비유적이며 간결한 성경의 표현을 많이 사용합니다. 이 같은 단어는 찬송과 찬양곡에서 자주 사용됩니다. 노래를 짓는 사람들이 성경에서 단어를 가져와 말씀의 의미를 함축해 드러냅니다. 성경의 용어를 찬양에 연관시킴으로써 믿음을 표현할 수 있기 때문입니다.

시온(Zion)

- **성경의 근거** 사 8:18; 52:1; 60:14; 히 12:22; 계 14:1 등
- **용어의 의미** 하나님의 백성, 교회, 천국
- **찬양의 예** "시온에 오시는 주"(142장), "아름다운 시온 성아"(통일 250장), "내 주의 나라와" 5절(208장), "시온성과 같은 교회" 1절(210장), "예루살렘 금성아" 2절(통일 538장), "예루살렘 아이들"(562장), "주 사랑하는 자 다 찬송할 때에"(249장), "시온의 영광이 빛나는 아침"(550장), "저 멀리 뵈는 나의 시온성" "일어나 찬양하라" "지금은 엘리야 때처럼" 등

예루살렘(Jerusalem)

• **성경의 근거** 사 40:1-8; 계 21:2
• **용어의 의미** 천국, 하나님의 백성
• **찬양의 예** "새 예루살렘 복된 집"(통일 225장), "우리 모든 수고 끝나"(236장), "위로하라 내 백성을"(메시아), "예루살렘 성벽 위에" "샬롬 예루살렘" 등

임마누엘(Immanuel)

• **성경의 근거** 사 7:14; 마 1:23
• **용어의 의미** 하나님이 우리와 함께 계시다.
• **찬양의 예** "주 사랑하는 자 다 찬송할 때에"(249장), "곧 오소서 임마누엘"(104장), "샘물과 같은 보혈은"(258장), "오소서 임마누엘" "임마누엘" 등

알파와 오메가(Alpha and Omega)

• **성경의 근거** 계 1:8,11; 21:6; 22:13
• **용어의 의미** 예수, 처음과 마지막
• **찬양의 예** "하나님의 크신 사랑"(15장), "위대하신 주" "할렐루야 살아계신 주" "알파와 오메가" "주는 알파와 오메가" 등

에벤에셀(Ebenezer)

• **성경의 근거** 삼상 7:12

- **용어의 의미** 여호와께서 우리를 여기까지 도우셨다
- **찬양의 예** "복의 근원 강림하사"(28장), "에벤에셀 하나님" 등

찬 양 에 사 용 된 히 브 리 어[46]
'할렐루야'는 하나님을 찬양하는 최고의 표현입니다

할랄(halal) ────

'할랄'은 구약성경에서 찬양에 대해 가장 많이 사용한 단어입니다. 하나님을 찬양하기 위해 외치는 '할렐루야'는 할랄에서 왔습니다. 할랄은 아주 강렬한 표현입니다. '찬양하다, 칭찬하다, 외치다, 자랑하다, 축하하다, 심지어 바보스러울 정도로 시끄럽게 하다'라는 의미입니다. 아주 열광적으로 하나님을 높이는 것입니다. 할랄에 2인칭 남성 복수 명령형 '루'(lu)와 여호와를 의미한 '야'(Yah)가 결합해 '할렐루야'가 되었습니다. 즉, 할렐루야는 '여러분, 여호와를 찬양하십시오'라는 의미입니다.

할렐루야와 알렐루야는 같은 단어입니다. 할렐루야는 히브리어에, 알렐루야는 그리스어에 근원을 둡니다. 미국 교회는 성경과 찬송가에도 할렐루야(NASB, NIV, RSV)와 알렐루야(KJV, NKJV, NJB)를 혼용합니다. 한국 교회는 주로 할렐루야를 사용하지만, 요즘에는 찬양곡뿐 아니라 찬송가에서도 알렐루야를 자주 사용합니다.

할렐루야를 사용한 성경은 아주 많습니다. '할렐루야 시편'으로 일컫는 시편 146-150편은 할렐루야로 시작하여 할렐루야로 마칩니다. 또 시편 106편 113편 135편도 마찬가지입니다. 시편뿐 아니라 성경의 많은 곳에서 할렐루야의 근원이 되는 할랄을 사용했습니다.

특히 찬양에는 할렐루야를 많이 사용합니다. 예를 들면, 죽음을 이기고 부활하신 주님을 찬양하기 위해 대부분의 부활 찬송에는 할렐루야를 사용합니다. "할렐루야 우리 예수"(161장), "할렐루야 할렐루야"(163장), "예수 부활했으니"(164장), "싸움은 모두 끝나고"(166장) 등을 보십시오. 적극적으로 할렐루야를 외치면서 부활하신 예수님을 찬양합니다. 헨델이 작곡한 〈메시아〉 중 "할렐루야"는 어떻습니까. 많은 예배음악도 할렐루야를 포함합니다. 할렐루야의 어원인 할랄은 대상 16:4; 시 56:3,4,10; 84:4; 102:18; 113:3; 119:164 등에서 사용되었습니다.

- "또 레위 사람을 세워 여호와의 궤 앞에서 섬기며 이스라엘 하나님 여호와를 칭송하고 감사하며 찬양[할랄]하게 하였으니"_대상 16:4
- "주의 집에 사는 자들은 복이 있나니 그들은 항상 주를 찬송[할랄]하리이다"_시 84:4
- "해 돋는 데에서부터 해 지는 데에까지 여호와의 이름이 찬양[할랄]을 받으시리로다"_시 113:3

야다(yada) ———

'야드'는 '손'을 뜻하며, '야다'는 '두 손을 높이 들고 감사함으로 경배하다' '두 손을 치켜들다'라는 뜻입니다. 야다는 할랄 다음으로 많이 쓰였습니다. 성경 전체를 볼 때 야다는 하나님께 경배, 찬양 그리고 감사를 행위로 표현할 때 사용되었습니다. 어원에서 알 수 있듯이 영과 진리로 드리는 경배와 찬양은 당연히 신체적 행위도 포함합니다. 언어뿐 아니라 행위로 드리는 표현은 매우 중요합니다. 앉고, 일어서고, 고개를 숙이고, 무릎을 꿇고, 손을 모으고, 손을 드는 것 등은 행위로 표현한 비언어적인 표현입니다.

시편 63편 4절은 "이러므로 나의 평생에 주를 송축하며 주의 이름으로 말미암아 나의 손을 들리이다"라고 했습니다. 두 손을 높이 들고 감사함으로 하나님을 경배하는 것은 최고의 표현 중 하나임이 틀림없습니다. 야다는 창 29:35; 대하 20:21; 시 107:8,15,21,31 등에 쓰였습니다.

- "백성과 더불어 의논하고 노래하는 자들을 택하여 거룩한 예복을 입히고 군대 앞에서 행진하며 여호와를 찬송[야다]하여 이르기를 여호와께 감사하세 그의 인자하심이 영원하도다 하게 하였더니"_대하 20:21
- "여호와의 인자하심과 인생에게 행하신 기적으로 말미암아 그를 찬송[야다]할지로다"_시 107:8,15,21,31

바락(barak) ———

'바락'은 '무릎을 꿇다, 송축하다, 경의를 표하다'라는 의미입니다. 사람에게 사용할 경우 주로 '축복하다'라는 의미로 쓰입니다. 하나님을 향하여는 복의 근원이 되신 주님께 감사하여 '송축하다, 찬양하다'라는 의미로 쓰였습니다. 바락은 욥 1:21; 시 96:2; 103:1-2; 103:20-21, 104:1 등에 쓰였습니다.

- "주신 이도 여호와시요 거두신 이도 여호와시오니 여호와의 이름이 찬송[바락]을 받으실지니이다"_욥 1:21
- "여호와께 노래하며 그의 이름을 송축[바락]하며 그의 구원을 날마다 전파할지어다"_시 96:2
- "내 영혼아 여호와를 송축[바락]하라 내 속에 있는 것들아 다 그의 거룩한 이름을 송축[바락]하라"_시 103:1
- "내 영혼아 여호와를 송축[바락]하라 여호와 나의 하나님이여 주는 심히 위대하시며 존귀와 권위로 옷 입으셨나이다"_시 104:1

테힐라(tehillah) ———

'테힐라'는 '할랄'에서 파생된 단어로서 '노래하다, 자랑하다, 칭찬하다'라는 뜻입니다. 테힐라는 찬양의 본질은 물론 찬양의 방법을 말해 줍니다. 우리가 부르는 모든 찬양은 영과 진리로 드려야 합니다. 하나님은 소리가 아니라 우리의 중심에 관심을 두십니다. 노래로 표현하는 것은 우리의 중심을 드리는 아주 좋은 방법입니다. 테힐라는 입술로 찬양 드리는 것을 말합니다. 다시 말해, 적극적으로 하나님을 높이지 않고는 견딜 수 없어 노래로써 찬양하는 것입니다. 테힐라는 신 10:21; 대상 16:35; 느 12:46; 시 22:3; 147:1; 사 61:3 등에 쓰였습니다.

- "무릇 시온에서 슬퍼하는 자에게 화관을 주어 그 재를 대신하며 기쁨의 기름으로 그 슬픔을 대신하며 찬송[테힐라]의 옷으로 그 근심을 대신하시고 그들이 의의 나무 곧 여호와께서 심으신 그 영광을 나타낼 자라 일컬음을 받게 하려 하심이라"_사 61:3
- "이스라엘의 찬송[테힐라] 중에 계시는 주여 주는 거룩하시니이다"_시 22:3
- "할렐루야(할랄) 우리 하나님을 찬양[자마르]하는 일이 선함이여 찬송[테힐라]하는 일이 아름답고 마땅하도다"_시 147:1

자마르(zamar)

시편에서 주로 사용된 '자마르'는 '악기의 줄을 퉁기다, 노래하다, 찬양하다'라는 뜻입니다. 악기의 줄을 퉁겨서 하나님을 찬양하는 것을 나타냅니다. 다윗이 쓴 역대상 16장은 찬양으로 가득합니다. 9절에 찬양의 의미로서 자마르가 사용되었고, 35절에 테힐라, 36절에는 바락과 할랄이 사용되었습니다. 이것은 찬양에서 표현의 다양성을 말해 줍니다. 모든 찬양의 방법과 수단에 균형이 필요하다는 교훈을 얻게 됩니다. 자마르는 삼하 22:50; 대상 16:9; 시 7:17; 9:2; 18:49; 27:6; 30:4; 33:2; 47:6,7 등에 쓰였습니다.

- "그에게 노래하며 그를 찬양[자마르]하고 그의 모든 기사를 전할지어다"_대상 16:9
- "주의 성도들아 여호와를 찬송[자마르]하며 그의 거룩함을 기억하며 감사하라"_시 30:4
- "수금으로 여호와께 감사하고 열 줄 비파로 찬송[자마르]할지로다"_시 33:2

샤바흐(sabah)

'샤바흐'는 '기쁨에 가득한 찬양의 모습'을 보여줍니다. 찬양은 기뻐서 드리는 자발적인 고백입니다. 그래서 찬양은 수동적이지 않고 적극적으로 표현됩니다. 기쁨이 넘쳐 찬양할 때는 반드시 큰 소리로 외치게 됩니다. 샤바흐는 '외치다, 큰 소리로 말하다, 칭찬하다'라는 의미입니다. 시편 기자는 47편 1절에서 "너희 만민들아 손바닥을 치고 즐거운 소리로 하나님께 외칠지어다"라고 말합니다. 또 95편 1절에서 "우리가 여호와께 노래하며 우리의 구원의 반석을 향하여 즐거이 외치자"라고 말합니다. 외치는 것은 승리의 개선가를 연상하게 합니다. 이처럼 찬양은 기쁨을 못 이겨 손바닥을 치고 목소리를 높이게 합니다. 성경은 "너희 중에 고난당하는 자가 있느냐 그는 기도할 것이요 즐거워하는 자가 있느냐 그는 찬송할지니라"(약 5:13)고 권면합니다. 이렇게 찬양은 기쁨에 넘쳐 부르는 고백입니다. 샤바흐는 시 63:3; 117:1; 145:4; 147:12 등에 쓰였습니다.

- "주의 인자하심이 생명보다 나으므로 내 입술이 주를 찬양 [샤바흐]할 것이라"_시 63:3
- "너희 모든 나라들아 여호와를 찬양하며 너희 모든 백성들 아 그를 찬송[샤바흐]할지어다"_시 117:1
- "대대로 주께서 행하시는 일을 크게 찬양[샤바흐]하며 주의 능한 일을 선포하리로다"_시 145:4
- "예루살렘아 여호와를 찬송[샤바흐]할지어다 시온아 네 하나 님을 찬양[할랄]할지어다"_시 147:12

찬 양 에 사 용 된 헬 라 어 [47]
'율로게토스'는 오직 하나님께만 사용하는 단어입니다

율로게토스(ulogetos), 율로기아(ulogia) ───

'율로게토스'와 '율로기아'는 사람에게 쓰지 않습니다. 오직 찬양받기에 합당하신 하나님께만 사용합니다. 하나님을 향해 '찬양

받으소서, 칭송받으소서, 높아지소서'라는 의미로 쓰입니다. 율로게토스는 명사형 율로기아에서 가져온 형용사입니다. 이 단어에는 '복된' 또는 '찬양받으신' 등의 뜻이 있습니다. 율로게토스와 율로기아는 눅 1:68; 고후 1:3; 엡 1:3; 벧전 1:3; 약 3:10; 계 5:12,13; 7:12 등에 쓰였습니다.

- "찬송[율로게토스]하리로다 주 이스라엘의 하나님이여 그 백성을 돌보사 속량하시며"_눅 1:68
- "찬송[율로게토스]하리로다 하나님 곧 우리 주 예수 그리스도의 아버지께서 그리스도 안에서 하늘에 속한 모든 신령한 복을 우리에게 주시되"_엡 1:3
- "한 입에서 찬송[율로기아]과 저주가 나오는도다 내 형제들아 이것이 마땅하지 아니하니라"_약 3:10
- "이르되 아멘 찬송[율로기아]과 영광과 지혜와 감사와 존귀와 권능과 힘이 우리 하나님께 세세토록 있을지어다 아멘 하더라"_계 7:12

아이네시스(ainesis), 아이노스(ainos), 아이네오(aineo)

'아이네시스' '아이노스' '아이네오'는 모두 '찬양, 찬미, 찬송'을 뜻합니다. 명사형 아이네시스는 동사 아이네오에서 왔으며, 아이네오는 아이노스에서 유래되었습니다. 특히 아이네오는 찬양을 뜻하는 구약의 히브리어 중 가장 많이 쓰인 할랄과 야다에 비교할 수 있는 헬라어 단어입니다. 아이네시스, 아이노스 그리고 아이네오는 마 21:16; 눅 2:13,20; 18:43; 19:37; 24:53; 행 2:47, 3:8,9; 롬 15:11; 히 13:15 등에 쓰였습니다.

- "홀연히 수많은 천군이 그 천사와 함께 하나님을 찬송[아이네오]하여 이르되"_눅 2:13
- "하나님을 찬미[아이네오]하며 또 온 백성에게 칭송을 받으니 주께서 구원 받는 사람을 날마다 더하게 하시니라"_행 2:47
- "그러므로 우리는 예수로 말미암아 항상 찬송[아이노스]의 제사를 하나님께 드리자 이는 그 이름을 증언하는 입술의 열매니라"_히 13:15

독사(doxa), 독사조(doxazo)

'독사'는 '찬양, 찬미, 명예, 영예, 영광'이라는 뜻입니다. 거룩하고 위엄 있는 분에게 드릴 수 있는 최고의 찬사입니다. 찬양받기에 합당하신 분께 드리는 찬양을 의미합니다. '독사조'는 '영광스럽게 하다, 영광스럽게 여기다, 영광을 돌리다'라는 의미입니다. '영광송'(doxology)이라는 단어는 독사에서 온 것입니다. 독사와 독사조는 마 5:16; 9:8; 15:31; 눅 2:14, 18:43; 롬 4:20, 15:6 등에 쓰였습니다.

- "이같이 너희 빛을 사람 앞에 비치게 하여 그들로 너희 착한

행실을 보고 하늘에 계신 너희 아버지께 영광을 돌리게[독사조] 하라"_마 5:16

- "무리가 보고 두려워하며 이런 권능을 사람에게 주신 하나님께 영광을 돌리니라[독사조]"_마 9:8
- "지극히 높은 곳에서는 하나님께 영광[독사]이요 땅에서는 하나님이 기뻐하신 사람들 중에 평화로다"_눅 2:14

에파이노스(epainos), 에파이네오(epaineo) ─────

'에파이노스'와 '에파이네오'는 '아이노스'(찬양)이라는 단어 앞에 '~에게'라는 접두어 '에피'(epi)가 붙은 낱말입니다. 이것은 아이노스의 강조된 형태입니다. 에파이노스는 '찬송, 찬양, 찬미, 칭찬' 등의 뜻으로 쓰였고, 에파이네오는 '찬양하다, 칭찬하다'라는 동사형으로 쓰였습니다. 에파이노스와 에파이네오는 롬 2:29; 13:3; 고전 4:5; 엡 1:5-6,11-12,14; 빌 1:11, 4:8; 벧전 1:7 등에 쓰였습니다.

- "그 기쁘신 뜻대로 우리를 예정하사 예수 그리스도로 말미암아 자기의 아들들이 되게 하셨으니 이는 그가 사랑하시는 자 안에서 우리에게 거저 주시는 바 그의 은혜의 영광을 찬송[에파이노스]하게 하려는 것이라"_엡 1:5-6
- "이는 우리가 그리스도 안에서 전부터 바라던 그의 영광의 찬송[에파이노스]이 되게 하려 하심이라"_엡 1:12

- "예수 그리스도로 말미암아 의의 열매가 가득하여 하나님의 영광과 찬송[에파이노스]이 되기를 원하노라"_빌 1:11

엑소몰로게오(exomologeo) ───

'엑소몰로게오'는 '고백하다, 자백하다, 시인하다, 찬양하다, 감사하다'라는 뜻입니다. 이 단어는 예배와 우리의 삶 가운데 자발적으로 표현하는 고백과 감사를 말합니다. 엑소몰로게오는 찬양과 감사에 대하여 마 11:25; 눅 10:21; 롬 15:9 등에서 사용하였습니다.

- "그 때에 예수께서 대답하여 이르시되 천지의 주재이신 아버지여 이것을 지혜롭고 슬기 있는 자들에게는 숨기시고 어린 아이들에게는 나타내심을 감사[엑소몰로게오]하나이다"_마 11:25; 눅 10:21
- "그러므로 내가 열방 중에서 주께 감사하고 주의 이름을 찬송[엑소몰로게오]하리로다"_롬 15:9

훔네오(hymneo), 훔노스(hymnos) ───

'훔네오'는 '노래하다, 찬양하다, 찬송하다, 찬미하다'라는 뜻입니다. 명사형인 '훔노스'는 '찬양, 찬송, 찬미'를 뜻합니다. 훔네오와 훔노스는 마 26:30; 막 14:26; 행 16:25; 엡 5:19; 골 3:16; 히 2:12 등에 쓰였습니다.

- "이에 그들이 찬미[훔네오]하고 감람산으로 나아가니라"_마 26:30
- "한밤중에 바울과 실라가 기도하고 하나님을 찬송[훔네오]하매 죄수들이 듣더라"_행 16:25
- "그리스도의 말씀이 너희 속에 풍성히 거하여 모든 지혜로 피차 가르치며 권면하고 시와 찬송[훔노스]과 신령한 노래를 부르며 감사하는 마음으로 하나님을 찬양하고"_골 3:16
- "내가 주의 이름을 내 형제들에게 선포하고 내가 주를 교회 중에서 찬송[훔네오]하리라"_히 2:12

Praise the LORD!

"내가 여호와의 인자하심을 영원히 노래하며
주의 성실하심을 내 입으로 대대에 알게 하리이다"

_ 시 89:1

Part 3
하나님이 기뻐하시는
찬양의 삶

I 준비하는 찬양

최선의 찬양을 준비하십시오

미국 켄터키 루이빌에 있는 세인트매튜스침례교회의 오케스트라에서 가족이 함께 봉사할 때였습니다. 어느 날 음악사역자인 스미스 교수가 봉헌음악으로 우리 아이들에게 바이올린 2중주를 부탁했습니다. 두 아이에게 물어보니 마침 다음 주일에는 다른 계획이 없었습니다. 연주할 수 있다고 스미스 교수에게 전했더니, 3개월 후 주일예배 봉헌송을 부탁하는 것이 아니겠습니까! 충분한 준비를 생각하지 않고 당연히 다음 주로 생각했던 나 자신이 무척 부끄러웠습니다.

하나님이 원하시는 준비된 찬양을 부르고 있는지 점검해 보십시오. 최선의 찬양은 준비된 찬양입니다. 최선의 찬양을 부르지 않고 습관적으로 노래하거나 방관자로 남아 있지는 않습니까?

하나님 외에 이 세상에는 완전함이 없습니다. 다행히 주님은 우리의 부족함을 아시고 완전한 것을 요구하지 않으십니다. "하늘에 계신 너희 아버지의 온전하심과 같이 너희도 온전하라"(마 5:48)는 말씀은 완전함을 추구해 가는 과정을 말합니다. 오로지 완전하신 주님을 의지하여 최선을 다할 뿐입니다. 피조물은 어느 누구도 완전할 수 없습니다. 그래서 하나님은 완전한 찬양이 아니라, 최선으로 준비된 찬양을 원하십니다.

최선을 다하라는 것은 절대적이며 동시에 상대적인 명령입니다. 우리에게 맡겨주신 청지기 직분은 과거보다 현재가 나아야 하며, 현재보다는 미래에 더욱 좋아져야 합니다. 지난 주 드린 찬양보다 다음 주 찬양은 하나님께 더 좋은 평가를 받아야 합니다. 그러기 위해 철저한 준비가 필요합니다.

회중은 마음으로 예배를 준비하지만 연습 없이 예배를 드립니다. 헌금을 드리기 위해 연습하거나 성경을 찾기 위해 연습한 적이 있습니까? 회중찬송을 미리 불러본 적도 없을 것입니다. 그러나 찬양을 맡은 자들에게는 준비가 필요합니다. 그룹별 연습뿐 아니라 각 순서의 연결을 위해 마지막 리허설도 필요합니다. 찬양의 성공은 준비에 달려 있기 때문입니다.

예배를 철저히 준비하는 미국 교회를 보며 느낀 것이 많았습니다. 목사님과 찬양대원, 악기연주자, 음향 담당자 등 여러 예배인도자들이 모여 리허설을 합니다. 11시 예배를 위해 8시부터 한 시간 정도 연습하고, 각자 흩어져 그룹별로 성경공부를 끝낸 후

10시 30분에 다시 모여 마지막 점검을 하고는 예배당으로 입장합니다.

하나님은 준비된 찬양을 원하십니다. 우리가 준비할 때 영과 마음으로 찬양을 드리게 됩니다. 다함께 연습할 수 없는 환경이라면, 당신만이라도 최선의 찬양을 준비해야 합니다. 우리가 기도로 준비하고, 하나님 중심의 찬양을 드리기 위해 노력하며, 성령의 함께하심을 기대할 때 최선의 찬양을 만들 수 있습니다.

우리는 완전한 음악을 만들 수 없지만, 최선의 음악을 드릴 수는 있습니다. 이것이 바로 하나님이 찾으시는 찬양입니다. 준비된 과정이 하나씩 쌓여 예수님을 닮아가는 변화를 낳게 할 것입니다. 이것은 철저히 준비할 때 가능합니다. 최선의 찬양은 잘 부른 노래가 아니라 정성을 모아 준비한 찬양입니다. 준비하는 데 성공합시다! 하나님은 당신의 찬양에 귀 기울이십니다.

토요일을 소중하게 보내십시오

현대인은 주말에도 무척 분주합니다. 휴식이 필요한데 약속도 많고, 밀린 일도 해야 하고, 가족도 돌봐야 하니 주말이 더 바쁠 수밖에 없습니다. 그런데 그리스도인에게 토요일은 아주 중요한 시간입니다. 주일예배를 준비하기 위한 효과적인 날이기 때문입니다. 주일예배의 성공은 토요일에 달렸다고 해도 지나치지 않습니다. 이것이 토요일을 지혜롭게 보내야 하는 이유입니다.

바울은 에베소서 5장 15-17절에서 "오직 지혜 있는 자 같이 하여 세월을 아끼라 때가 악하니라 그러므로 어리석은 자가 되지 말고 오직 주의 뜻이 무엇인가 이해하라"고 말합니다. 삶의 목적이 분명할 때 세월을 낭비하지 않습니다. 그리스도인은 하나님의 영광을 위해 시간을 소중히 활용해야 합니다.

이어서 바울은 18절에서 "술 취하지 말라 이는 방탕한 것이니 오직 성령으로 충만함을 받으라"고 강조합니다. 주말이라고 무기력하게 보내거나 쓸데없는 것에 정신을 쏟고 있지는 않습니까? 세상에 취하지 않고 성령으로 충만할 때 주말을 귀하게 보낼 수 있습니다. 꼭 해야 할 일은 토요일 오전에 마무리하고, 오후부터는 예배 준비를 위해 주님께 온전히 집중하는 시간을 보내는 것이 좋습니다.

하나님의 말씀을 묵상하십시오 ──────

찬양하는 자들에게 우선적으로 요구되는 것은 영적 준비입니다. 찬양곡을 연습하기 전에 먼저 성경을 펴십시오. 하나님의 진리를 깨닫게 될 때 하나님을 예배하며 찬양할 수 있습니다. 찬양은 음악적 행위가 아니라 진리에 대한 영적 반응이기 때문입니다. 다시 말해, 진리의 말씀이 내 안에 있을 때 영과 마음으로 찬양하게 됩니다. 예수님이 "사람이 떡으로만 살 것이 아니요 하나님의 입으로부터 나오는 모든 말씀으로 살 것이라"(마 4:4)고 말씀하신 것처럼 우리에게는 생명의 말씀이 필요합니다. 성경을 너무 많이 읽으려 하지 말고, 정기적인 계획을 세워놓고 말씀을 보십시오.

휴스태드는 "예배는 삶의 리허설"이라고 했습니다. 개인이 드리는 삶의 예배를 강조한 것입니다. 말씀이 심령에 살아 있을 때, 공중예배는 물론 매시간 삶으로 드리는 예배에서 승리할 수 있습니다. 무엇보다 먼저 말씀을 묵상하며 예배를 준비하십시오.

하나님의 은혜를 구하십시오

바울은 에베소서 6장 17-18절에서 "구원의 투구와 성령의 검곧 하나님의 말씀을 가지라 모든 기도와 간구를 하되 항상 성령 안에서 기도하고 이를 위하여 깨어 구하기를 항상 힘쓰며 여러 성도를 위하여 구하라"고 말합니다. 우선 하나님 말씀을 마음에 가지고 기도할 것을 권면합니다. 기도는 영적 전쟁에서 승리하기 위한 강력한 무기입니다. 찬양대원은 찬양대원이기 전에 예배자임을 고백하며 하나님 앞에 엎드려야 합니다.

예배를 인도하는 목회자와 믿음의 공동체를 위해 하나님의 은혜를 구하십시오. 예배를 준비하는 토요일에는 찬양대원 한명 한명을 떠올리며 그들을 위해 기도하십시오. 많은 사람을 위한 기도가 어렵다면 먼저 본인이 속한 파트부터 조금씩 넓혀 가십시오. 모든 대원들이 영적으로 살아야 모두 하나가 되어 기쁨으로 드리는 예배의 자리가 됩니다. 개인이 살면 공동체가 살고 예배가 살아납니다. 그리고 다시 예배를 통해 각자가 힘을 얻게 됩니다.

주일 찬양곡을 연습하십시오 ────

사실 예배 찬양을 위해 함께 모여 한두 시간 연습하는 것으로는 부족합니다. 찬양대가 함께 연습하는 시간 외에 개인의 연습이 절대로 필요합니다. 그러므로 찬양대가 부를 곡을 익히는 데 많은 시간을 쓰십시오. 찬양곡의 음원이나 동영상은 인터넷에서 쉽게 찾을 수 있습니다. 매체를 활용하면 음악적인 면에 도움이 됩니다.

찬양을 준비할 때 중요한 것은 가사를 묵상하는 것입니다. 가사의 내용을 정확히 알고 찬양해야 합니다. 가사 대로 살기를 간절히 바라며 찬양하십시오. 그러면 찬양은 단순히 노래가 아니라 영혼을 울리는 메시지로 변할 것입니다. 찬양이 가슴에 흠뻑 젖을 때까지 반복하여 듣고 부르십시오. 이것은 단지 연습에 그치는 것이 아니라 하나님을 영화롭게 하는 찬양의 제물이 됩니다.

모든 미디어를 멀리하십시오 ────

최선의 찬양은 준비된 찬양입니다. 찬양을 준비하기 위해서는 흐트러진 마음을 정리하고 하나님 외에는 관심을 두지 말아야 합니다. 늦은 시간까지 세상 것에 정신 팔지 마십시오. 특히 TV를 멀리하고 미디어 사용을 절제하십시오. 이것에 빠져 있으면 몸과 마음 그리고 영혼이 무뎌져 사탄이 틈타게 됩니다. 세상 것들은 잠시도 우리를 가만히 두지 않습니다. 가능하면 토요일 오후부터는 밤낮 없이 붙어 있던 스마트폰을 멀리하고 하나님과 친밀하게 지내십시오. 하나님의 영광을 위해 미디어가 필요한 경우에만 아름답게 사용하십시오.

휴식하며 주일을 준비하십시오

목소리로 노래하는 찬양대는 몸이 악기입니다. 주일에 최상의 컨디션이 되도록 몸 관리에 신경 써야 합니다. 주말에는 무리한 운동이나 신체활동을 피하고, 조금 일찍 잠자리에 들어 충분한 수면을 취하는 게 좋습니다. 그래야 주일 아침에 일찍 일어나고 목소리도 빨리 깨어납니다. 그리고 주일을 기대하며 헌금, 악보, 입을 옷 등을 미리 준비하십시오. 그리스도인은 몸의 휴식뿐 아니라 영적인 휴식도 필요합니다. 영적인 쉼은 앞에서 언급한 말씀묵상과 기도, 찬양 가운데서 기쁨과 평안을 누리게 합니다. 이모든 준비의 시간이 삶 가운데 드리는 예배입니다.

다시 강조하면, 토요일에는 예배 준비를 위해 시간을 정해 놓고 하나님께 집중하십시오. 한마디 덧붙이면, 주일 아침에는 정해진 시간보다 10분 먼저 연습실에 도착해 찬양할 준비를 하십시오. 아모스 선지자는 아모스 4장 12절에서 "네 하나님 만나기를 준비하라"고 했습니다. 예배를 최선으로 준비할 때 믿음이 성숙해지며 예배를 갈망하게 됩니다. 그러면 하나님이 주시는 샘솟는 기쁨과 평안이 차오를 것입니다.

찬양 연습에 적극 참여하십시오

대부분의 예배순서는 한 사람의 준비로 가능합니다. 설교는 설교자가 준비하고, 대표기도는 기도를 맡은 사람이 준비하며, 성경봉독은 봉독을 맡은 사람이 준비하면 됩니다. 이와 다르게 찬양대는 그룹입니다. 구성원이 모두 참여할 때 찬양대가 하나 될 수 있습니다. 훈련된 병사들이 줄을 맞추어 행진하듯 빠짐없이 연습에 참여해야 합니다. 그렇지 않으면 연습에 참여하지 않은 사람으로 인해 능률이 떨어질 수밖에 없습니다.

연습하는 데 게으른 사람은 찬양대원으로서 자질이 부족한 것입니다. 음악적 실력이 남보다 뛰어나다고 연습에 소홀하면 더욱 안 될 일입니다. 사실 찬양대의 가장 큰 문제는 연습에 적극적으로 참여하지 않는 것입니다. 몇몇 사람으로 인해 대원들이 열정을 빼앗기고 마음에 상처를 입게 됩니다. 철저한 연습만이 아름다운 소리를 만들어냅니다. 물론 음악을 도구로 하는 찬양대는 소리도 중요하지만, 소리를 뛰어넘은 믿음의 고백이 찬양에 묻어나야 합니다.

그런데 결석하는 사람이 생기면 그룹으로 구성된 찬양대의 소리가 완성되지 못합니다. 이들은 예배인도는커녕 방해꾼이 되기도 합니다. 연습을 통해 각자의 개성 있는 소리를 다듬어 하나의 조화로운 작품으로 만들어야 합니다. 아무리 뛰어난 목소리를 가졌더라도 함께 연습하지 않으면 앙상블을 이룰 수 없습니다.

역대상 25장 1-7절에서 다윗이 직계 자손과 형제를 찬양대원으로 뽑은 것은 긴밀히 협력하도록 한 것입니다. 혈연관계로 맺어진 공동체가 한 마음으로 찬양할 수 있도록, 한 단위 열두 명을 24반열로 나누어 모두 288명으로 구성했습니다. 다윗은 영적으로나 음악적으로 최선을 다하도록 찬양대를 조직한 것입니다. 찬양대는 한 가족처럼 연습과 찬양에 참여해야 한다는 교훈을 얻게 합니다.

찬양대원이 연습에 적극 참여해야 하는 다른 이유는, 연습 과정을 통해 개인의 영적 성숙을 이루기 때문입니다. 교회의 모든 사역은 결과보다 과정이 중요합니다. 과정이 강조될 때 연습시간을 소홀히 여길 수 없습니다.

또 소리보다도 노래하는 영혼에 더욱 관심을 두게 됩니다. 연습 과정을 통해 음악뿐 아니라 믿음이 성장하고 변화되기 때문입니다. 그러므로 리허설을 단순히 음악을 연습하는 것으로 단정하지 마십시오. 이것은 찬양의 준비이며 찬양 그 자체 입니다. 찬양하는 사람은 영과 마음으로 드리는 찬양을 준비하는 데 최선을 다해야 합니다. 이 준비가 바로 삶으로 드리는 예배입니다.

"훈련에서 땀 한 방울은 전투에서 피 한 방울이다!"군대에서 자주 쓰는 말입니다. 그 만큼 평소의 훈련이 중요하다는 뜻입니다. 우리는 주님의 영적 군사입니다. 예배와 삶의 현장에서 벌어지는 영적 전쟁에서 승리하도록 연습에 적극 참여해야 합니다. 연습에서 승리를 경험한 사람이 예배에서 힘찬 승리의 개선가를 부를 수 있습니다.

2 예배하는 찬양

회중이 모두 찬양해야 합니다

키르케고르는 예배를 연극에 비유했습니다. 예배는 하나님 한 분만을 위해 연기하는 것과 같습니다. 그런데 연극무대의 연기와 하나님을 위한 연기는 다릅니다. 연극무대의 연기는 정해진 대본에 따라 허구를 연기합니다. 그러나 예배에서 연기는 살아계신 하나님의 영광을 위해 실제로 행하는 연기입니다. 연극무대의 연기자는 동료의 연기를 평가할 수 있지만, 예배의 경우는 하나님만이 관객으로서 평가하십니다.

연극은 배역이 있는 사람만 무대 위에서 연기하지만, 하나님을 위한 연기는 예배당에 있는 모든 사람이 동시에 역할을 감당합니다. 예를 들면, 설교자가 말씀을 전할 때 모든 회중은 이야기를 즐기는 관객이 아니라, 보고 듣고 깨달음으로써 하나님께 반응합니다. 찬양대는 성가곡을 연주할 때 입을 통해 심령으로 노래하고, 회중은 귀로 들으면서 심령으로 찬양합니다.

예배는 개인이나 특정 그룹이 강조되어서는 안 되고, 모든 예배자가 고루 참여해야 합니다. 설교자는 말씀을 선포함으로써, 찬양대원은 찬양함으로써, 회중은 듣고 응답함으로써 맡은 역할을 하는 것입니다. 인도자뿐 아니라 예배당에 모인 모든 회중이 배우이며 예배당 전체가 무대입니다. 오직 하나님 한 분만이 영광을 받으시는 관객입니다.

그러므로 개인이나 그룹이 찬양을 인도하더라도 회중은 적극적으로 참여해야 합니다. 찬양대는 자신이 맡은 찬양만 열심히 하고, 다함께 부르는 찬양은 소홀히 해서는 안 됩니다. 회중찬양의 특징은 예배자가 모두 능동적으로 참여한다는 데 있습니다. 그렇다고 양적인 것을 강조하는 것이 아닙니다. 공동체가 같은 가사와 음악을 한 목소리로 표현해야 한다는 것입니다. 그래서 스펄전(Charles H. Spurgeon) 목사는 "개인의 찬양이 하나님께 달콤하긴 하지만, 회중찬양은 몇 배의 달콤함이 있다"고 말했습니다.[48]

그런데 회중찬양을 부를 때 찬양에 몰입하지 않는 사람을 종종 봅니다. 회중찬양은 듣는 순서가 아니라 부르는 순서입니다. 음악에 재능이 없다거나 선택한 음악에 관심이 없다는 이유로 소극적이면 안 됩니다. 찬양은 재능이나 기호에 따른 것이 아닙니다.[49] 회중은 구경하는 자가 아니라 참여하는 자입니다. 찬양의 가치는 능동적인 표현에 있기 때문입니다. 혼자 생각하는 것과 말로 표현하는 것이 다르듯, 말하는 것과 노래하는 것도 다릅니다. 표현의 방법뿐 아니라 표현의 깊이도 다릅니다.

존 웨슬리는 찬송가책을 발행하면서 "찬송 부르기 7가지 지침"을 강조했습니다. 그는 적극적으로 찬양에 참여할 것을 권면했습니다. 특히 "생각 없이 부르지 않도록 주의하라. 오히려 힘을 다해 목소리를 높여서 노래하라. 사탄의 노래를 부르는 것이 아니므로 부끄러워하거나 두려워하지 말라"고 강하게 말했습니다.[50] 회중이 적극적으로 하나님을 찬양하도록 인도자는 찬양에 대한 분명한 리더십을 가져야 합니다.

우리는 찬양을 통해 믿는 것을 드러내기 때문에 확신을 가지고 마음으로 불러야 합니다. 당신이 찬양대원이라면 찬양곡뿐 아니라 회중찬양을 부를 때도 열정적으로 노래하십시오. 당신이 악기 연주자라면 연주하지 않을 때는 힘찬 목소리로 하나님을 찬양하십시오. 당신에게 익숙하지 않은 곡을 노래할지라도 움츠리지 말고 적극적으로 부르십시오. 찬양은 하나님의 영광을 위한 고백이기 때문입니다.

우리는 예배에서 말과 노래와 행동으로 하나님의 영광을 찬양합니다. 그중 모든 회중이 이성과 감성 그리고 의지를 모아 한 목소리로 부르는 찬양에는 놀라운 힘이 있습니다. 절대로 다른 사람의 찬양에 묻어가지 마십시오. 모두 하나 되어 하나님의 영광을 열정적으로 찬양하십시오!

음악이 아니라 찬양에 흠뻑 빠지십시오

몇 년 전 부흥회에서 찬양대가 노래할 때였습니다. "나 같은 죄인 살리신" 찬양이 시작되자마자 알토 파트에 있던 한 집사님의 눈동자에 눈물이 맺혔습니다. 잠시 후 눈물을 닦아야 할 정도로 눈물이 차 올라 울면서 찬양했습니다. 지휘하던 나도 눈물로 고백하는 집사님을 보며 하나님의 놀라운 은혜를 생각하니 눈물이 흘러내렸습니다. 너무도 감격스러워 젖은 눈동자로 대원들을 바라보며 지휘를 할 수 없을 정도였습니다. 그런 내 모습이 찬양대원들에게 비쳐졌고, 찬양대의 은혜로운 모습이 회중에게 흘러갔습니다. 찬양대와 회중이 함께 영과 마음으로 찬양한 감동적인 시간이었습니다.

거기까지는 좋았습니다. 집회가 끝난 후 그 집사님과 마주쳤습니다. 나는 찬양할 때 느꼈던 은혜를 확인하고 싶어 물었습니다.

"나 같은 죄인 살리신 주님의 사랑이 정말로 감사하지요?"

"목사님 죄송해요. 실은 기도하며 부흥회를 위해 준비를 많이 했거든요. 아침에는 남편이 속을 긁더니, 저녁에는 항상 순종만 하던 두 아들이 제 속을 뒤집어 놓더라구요. 꾹 참고 있다가 교회에 조금 늦게 왔는데, 찬양을 하자마자 모든 서러움이 왈칵 밀려왔어요."

나는 할 말을 잃고 말았습니다. 우리는 절대 음악에 취해서는 안 됩니다. 하나님에 취해야 합니다. 하나님에 취해 음악으로 하나님을 높여드려야 합니다. 감상주의로 인한 오용은 크게 노랫말과 곡조에서 옵니다. 언어에 민감한 사람은 사용된 단어나 문장에 영향을 받습니다. 그러므로 가사는 신학적으로 건전해야 하며 지나치게 감상적이어서는 안 됩니다. 지나치게 감상적인 노랫말로 지어진 노래를 많이 부르면 잘못된 신앙관을 갖게 됩니다.

노랫말이 너무 가볍고, 논리적이지 못하며, 성경말씀과 관련이 없고, 자기주관적일 때, 감상주의의 오류에 빠질 수 있습니다. 특정한 감정이나 분위기를 강조할 때, 하나님께 초점을 두지 않고 다른 것에 주의를 빼앗길 우려가 있습니다. 신약성경에서 주관적인 감정에 대해 언급하지 않은 것에 유의해야 합니다.[51] 감상적인 요소를 강조하다 보면 감정 자체를 가치 있는 것으로 보게 됩니다. 결국 감정을 우선적으로 추구하게 되는데, 거기서 문제가 생깁니다.

우리는 하나님의 영광을 위해 전인격적으로 반응해야 합니다. 그런데 감정 자체가 강조되면 문제가 생깁니다. 감정이 진리와 분리되면 안 된다는 말입니다. 다시 말해, 감정적인 만족을 구하는 것이 잘못은 아니지만, 잘못된 동기는 찬양의 의미를 전도시킬 수 있습니다.

마태복음 15장 8절 "이 백성이 입술로는 나를 공경하되 마음은 내게서 멀도다 사람의 계명으로 교훈을 삼아 가르치니 나를 헛되이 경배하는도다"라는 말씀은 하나님께 헛된 예배를 드릴 수 있다는 충고입니다. 주객이 전도되면 우상숭배가 되고 맙니다. 이럴 경우 음악의 목적은 하나님께 영광 돌리는 것이 아니라, 인간

중심의 개인적 경험을 추구하는 것이 되고 맙니다.[52] 그러므로 특정한 감정이나 정서를 추구하려 하지 말고 하나님께 집중해야 합니다.

가사에는 관심 없고 음악 자체에 빠져 정서적 안정을 찾으려는 것은 더 위험합니다. 음악 자체도 즐거움을 가져다줍니다. 그렇지만 이 즐거움은 진리이신 하나님 때문에 느끼는 즐거움이 아닙니다. 그래서 많은 믿음의 선진들이 올바르지 못한 음악 사용에 문제를 제기한 것입니다.

감상주의는 음악 스타일과 상관없이 매우 다양하게 나타납니다. 어떤 사람은 단순한 음악이나 익숙한 음악에 빠져들고, 어떤 사람은 복잡한 음악 또는 새로운 음악에 빠져들기도 합니다. 감정에만 치우치지 않도록 음악 선택에 신중해야 합니다. 좋은 찬양을 만드는 것도 중요하지만, 선택하는 것은 더 중요합니다. 아무리 좋은 곡이라도 목적에 맞게 선택되지 않으면 소용없기 때문입니다.

찬양의 본질을 잃어버릴 때 찬양의 목적을 상실할 수 있습니다. "우상이나 신화는 옛날처럼 돌이나 어떤 신조의 형태를 띨 수 있는 반면, 분위기나 감수성의 형태를 띨 수도 있다"는 사실을 명심해야 합니다.[53] 찬양할 때는 노랫말을 생각하며, 무엇보다도 찬양의 대상이 하나님이라는 사실을 잊지 말아야 합니다. 자신을 위해 음악에 몰입하는 것이 아니라, 영과 마음으로 부르는 찬양에 흠뻑 취해야 합니다. 이것이 바로 자기 중심이 아니라 하나님 중심이고, 음악에 취하지 않고 찬양에 취하는 것입니다!

말씀과 찬양 가운데 승리하십시오

그리스도인은 '책의 사람'이라고 합니다. 예배를 위해 성경책과 찬송가책이 필요하기 때문입니다. 이 두 책에는 감추어진 아름다운 비밀이 있습니다. 하나님이 우리를 사랑하신 이야기를 성경이라고 한다면, 찬양은 우리의 사랑을 하나님께 되돌려드리는 사랑의 표현입니다. 우리는 하나님께서 주신 말씀뿐 아니라 우리가 부르는 찬양에서도 승리해야 합니다. 내려오는 말씀과 올라가는 찬양에서 승리할 때 진정한 승리가 됩니다.

말씀과 찬양은 특성을 보완하기 위해 서로 균형이 필요합니다. 말씀 대부분은 설교를 통해 전달됩니다. 설교는 지성적 이해를 통해 하나님을 알게 합니다. 가슴으로 느끼는 것이 아니라 지성으로 먼저 깨닫게 합니다. 깨달음이 커지면 아는 것이 느끼는 것으로 서서히 옮겨가게 됩니다. 이런 경우 설교 말씀에 감동되었다고 합니다.

이와 다르게 찬양은 감성을 통해 하나님을 느끼게 합니다. 머리로 하나님을 깨닫기 전에 감성으로 느끼게 합니다. 찬양에 은혜가 충만할 때 가슴으로 느낀 것이 깨달음으로 서서히 다가갑니다. 이런 경우 찬양의 열매가 열리게 됩니다.

중요한 것은 지성과 감성이 서로 보완되어야 한다는 것입니다.

말씀만 강조되면 예배는 냉랭해지기 쉽습니다. 반대로 찬양이 지나치게 강조되면 감성이 너무 앞설 수 있습니다. 말씀과 찬양이 균형 있게 강조되어야 합니다. 그런데 찬양을 소홀히하는 교회를 종종 보게 됩니다. 당연히 찬양의 능력이 있을 수 없습니다.

기독교처럼 노래를 강조하는 종교는 없습니다. 기독교는 다른 종교와 달리 수천 년을 지나면서 찬양 가운데서 하나님의 능력을 체험해 오고 있습니다. 심지어 찬양 순서가 많아, 예배가 음악으로 시작해 음악으로 끝난다고도 합니다. 개인이든 공동체든 말씀과 찬양에서 승리해야 합니다.

공중예배는 크게 보면 말씀과 찬양 그리고 성만찬으로 구성됩니다. 초대 교회 예배는 이 세 가지가 균형을 이루었습니다. 그러다 중세시대에는 성만찬이 큰 부분을 차지했고, 종교개혁시대 이후로는 말씀이 강조되었습니다. '경배와 찬양' 운동 이후 현대 예배에서는 음악이 우위를 차지하고 있습니다. 이렇게 시대마다 조금씩 다른 현상을 보입니다. 중요한 것은 어느 하나가 강조되면 한쪽으로 치우치게 되므로 균형이 필요하다는 것입니다.

다시 강조하면, 하나님의 모든 자녀는 말씀과 찬양에서 승리해야 합니다. 목회자는 성도가 말씀으로 승리할 수 있도록 돕는 말씀의 인도자가 되어야 합니다. 예배음악으로 섬기는 찬양대원은 회중이 찬송으로 승리할 수 있도록 돕는 찬양인도자가 되어야 합니다. 이 두 가지가 조화를 이룰 때 냉철한 머리와 뜨거운 가슴으로 하나님을 섬길 수 있습니다.

말씀으로 섬기는 목회자의 수고를 생각해 보십시오. 성도에게 필요한 진리의 말씀을 선포하기 위해 일주일 내내 기도하고 연구하며 말씀 한절 한절에 열정을 쏟습니다. 당신이 찬양대원이라면 찬양에서 승리하기 위해 얼마나 정성을 쏟고 있습니까? 목회자가 살면 교회공동체의 말씀이 살고, 찬양대원이 살면 찬양이 살아납니다.

말씀과 찬양이 살아날 때 계시와 응답이 조화를 이루고, 모든 순서에 적극적으로 참여하게 되어 예배가 역동적이 됩니다. 말씀과 찬양에서 승리할 때 개인의 삶은 물론이고 공중예배에 기쁨이 넘칩니다.

3 삶 가운데 찬양

삶 속에서 찬양의 제사를 드리십시오

구약시대에는 속죄제, 속건제, 번제, 소제 그리고 화목제라는 제사법이 있었습니다. 이것은 동물을 죽여 피를 뿌리고 태워서 드리는 헌물의 제사입니다. 그러나 예수님이 십자가에 못 박혀 죽으심으로 피의 제사는 사라졌습니다. 이제부터 예수님의 피 흘림으로 인해 우리는 하나님이 기뻐하시는 '산 제물'(롬 12:1)이 되어야 합니다.

바꾸어 말해, 하나님이 기뻐하시는 찬양의 제사를 항상 드려야 합니다(히 13:15). 우리 자신이 왕 같은 제사장으로서 살아있는 제물이 되어야 합니다. 주일 낮과 오후, 수요일 밤, 새벽 또는 특정한 시간에만 찬양의 제물이 되는 것이 아닙니다. 예수님의 십자가 공로로 용서받은 우리는 언제 어디서든 찬양하는 삶을 살아야 합니다.

영원하신 하나님은 지속적인 찬양을 원하십니다. 그러므로 성경은 찬양할 시간에 대해 '무엇을 하든지, 항상, 쉬지 말고, 범사에, 기쁠 때, 슬플 때, 무엇에든지, 종일토록, 일생 동안, 영원히' 찬양하라고 말합니다. 이것은 시간과 장소의 초월을 말합니다. 교회에서는 찬양하고, 밖에서는 침묵하라는 말이 아닙니다. 예배의 찬양뿐 아니라 삶 속에서 드리는 찬양도 중요한 이유입니다.

다윗은 예배드릴 때만 하나님을 찬양한 것이 아닙니다. 풍요롭고 건강할 때뿐 아니라 적에게 쫓기고 궁핍할 때, 심지어는 죄를 지었을 때도 용서를 빌면 하나님께서 용서해 주실 것을 믿고 감사와 찬양을 드렸습니다.

다윗이 드린 찬양의 조건은 풍족한 환경이 아니라, 하나님이 삶 가운데 그와 함께하신다는 믿음이었습니다. 다윗은 쫓기나 헤매는 중에도 "나의 영혼이 잠잠히 하나님만 바람이여 나의 구원이 그에게서 나오는도다 오직 그만이 나의 반석이시요 나의 구원이시요 나의 요새이시니 내가 크게 흔들리지 아니하리로다"(시 62:1-2)라고 하나님을 찬양했습니다. 다윗이 고난 중에 쓴 시편에서조차 여지없이 신실하신 하나님을 찬양한 것을 볼 수 있습니다.

우리가 즐겨 부르는 "그 크신 하나님의 사랑"(304장)을 지은 미국의 레만 목사는 생활이 어려워 공장에서 막노동을 하지 않으면 살아갈 수 없는 형편이었습니다. 극도로 어려운 가운데 그는 "하늘을 두루마리 삼고 바다를 먹물 삼아도, 한없는 하나님의 사랑다 기록할 수 없겠네"라고 하나님을 찬양했습니다. 삶 가운데서 읊조리는 이 얼마나 멋진 고백입니까!

삶 속에서 영과 마음으로 부르는 찬양은 변화를 가져옵니다. 우리가 부르는 찬양 가사처럼 우리 삶은 점점 아름답게 변화되어야 합니다. 찬양대원, 집사 또는 교사라는 직분 때문에 주어진 환경에 안주하는 위험에서 벗어나야 합니다. 적당주의에 빠져서는 안 된다는 말입니다. 적당히 찬양하고 적당히 봉사하는 것은 믿음을 뒷걸음질 치게 만듭니다. 하나님은 우리가 드릴 수 있는 최선의 찬양에 관심을 가지십니다.

삶 속에서 드리는 예배와 찬양은 입술의 열매로 나타납니다. 항상 하나님만 자랑하고 하나님만 기뻐합니다. 주안에 사는 사람은 끊임없이 입가에 찬양이 머물러 있습니다. 삶 가운데서 찬양의 제사를 드리고 있는지 스스로 자신에게 물어보십시오. 삶 속에서 얼마나 하나님을 찬양하고 있습니까? 삶에서 찬양이 끊이지 않는다면 승리하고 있다는 증거입니다. 그렇지 않다면 하나님과 너무 멀어져 있는 것입니다.

교회 지체들과 찬양에 대해 나누던 중 한 성도님이 말했습니다. "우리의 삶이 예배가 되고, 우리의 말과 행동이 찬양이 되며, 우리가 일상에서 부딪히는 일들이 기도이기를 원해요."

얼마나 멋진 소원입니까! 우리의 소원은 이것뿐입니다. 우리의 삶 자체가 하나님 앞에서 드리는 예배이고 찬양이며 기도가 되어야 합니다. 삶이 예배! 삶이 할렐루야! 삶이 아멘! 이것이 하나님께서 가장 기뻐하시는 산 제물로 드리는 영적 예배입니다.

프로그램보다 사람에게 관심을 쏟아야 합니다

교회에서 헨델의 〈메시아〉를 연주한 적이 있습니다. "할렐루야"를 포함한 몇 곡은 여러 차례 연주했지만, 〈메시아〉의 대부분을 연주하기는 처음이었습니다. 성탄절에 맞추어 장기 계획을 세우고 연습에 들어갔습니다. 그런데 몇 주도 지나지 않아 찬양대원들이 불만을 터뜨렸습니다.

"왜, 하필이면 이 어려운 곡을 연주해야 하나요?"

대위법 형식의 '죽음당하신 어린양'의 아멘 부분을 연습할 때는 불평이 절정에 달했고, 노래하는 것을 포기하는 것 같았습니다. 음악을 전공하지 않은 실내악 단원들은 힘에 겨워했습니다. 일반 찬양곡과 달리 한 번 놓치면 따라 잡기 힘든 곡이 대부분이기 때문입니다.

주님의 은혜로 연주는 성공적으로 마쳤습니다. 모든 대원과 악기연주자, 교인들까지 모두 좋아했습니다. 어느 교인은 자부심이 넘치는 말로 격려해 주었습니다.

"목사님, 이젠 우리가 예술의 전당에 갈 필요가 없어요. 교회에서 음악을 들으면 되니까요."

연주를 마친 후 수고를 격려하고 새해 다짐을 나누기 위해 찬양대가 모였을 때, 대원들이 한 결 같이 입을 모았습니다.

"헨델은 참 대단한 분이세요."

"헨델을 음악의 어머니라고 부르는 어떤 이유가 있나요?"

"헨델은 결혼을 했나요?"

"며칠을 꼬박 금식하며 작곡했다면서요?"

"작곡하는 데 24일밖에 걸리지 않았다면서요?"

음악을 전공한 사람도 대답하기 어려운 것까지 물어왔습니다. 온통 헨델, 헨델, 헨델…. 헨델을 찬양하는 소리로 가득했습니다. 하나님은 온데간데없고 헨델만이 메아리쳤습니다.

무엇이 우리의 초점이 되어야 합니까? 찬양대 지휘자든, 임원이든, 대원이든, 악기연주자든 누구든 찬양하는 일에 봉사하다 보면 당하기 쉬운 유혹이 있습니다. 감추어진 영적인 찬양보다 보이는 규모와 들리는 소리에 집중하게 되는 것입니다. 자칫 잘못하면 내용을 잊어버리고 형식을 추구하게 됩니다. 선물을 주신 하나님께는 관심이 없고, 선물 보따리에만 관심을 쏟는 잘못을 범하게 됩니다.

어떤 일이든지 과정과 결과가 있습니다. 찬양도 과정과 결과 중 무엇에 관심을 두어야 하는지 분명한 철학이 있어야 합니다. 과정을 강조할 때 우리의 관계가 중요시 됩니다. 또 연주에서 경험하는 이상의 것을 연습시간을 통해 얻게 됩니다. 반대로 결과를 강조할 때 사람보다 음악이 강조되며, 연습시간에 얻는 것보다 연주만을 생각하게 됩니다. 세상은 수단과 방법을 가리지 않고 결과만을 추구합니다. 찬양하는 사람은 결과보다 과정에 관심을 기울여야 합니다. 과정을 무시하고 결과만 추구하다 보면 천하보다 귀한 주의 자녀들이 작게 보일 수 있습니다. 그러면 많은 부작용을 낳게 됩니다.

하나님께서는 우리를 만드시고 천하보다도 귀한 존재라고 말씀하셨습니다. 사람이 음악을 위해 존재하는 것이 아니라, 음악이 사람을 위해 존재해야 합니다. 교회의 모든 프로그램은 사람을 위한 것입니다. 사람이 프로그램을 위해 존재하는 것이 아닙니다. 하나님이 찬양을 위해 존재하지 않으시듯, 인간이 음악을 위해 존재해서는 안 됩니다. 이 말은 어떤 프로그램보다 사람이 더 중요하다는 의미입니다. 다시 강조하면, 하나님의 관심은 예배 행위나 프로그램 또는 예배 도구에 있지 않습니다. 예배 시간이나 장소에 있지도 않습니다. 하나님의 눈길은 예배하는 인격, 예배하는 자들의 마음에 있습니다.[54]

노래를 부르기 전 먼저 주위를 돌아보십시오. '예물을 드리기 전에 먼저 화목하라' '서로 사랑하라' '작은 자에게 한 것이 내게 한 것이라'는 주님의 말씀에 귀를 기울여야 합니다. 우리 주위의 찬양하는 사람들은 노래를 잘하든 못하든, 나이가 많든 적든, 참으로 귀한 존재입니다. 찬양대는 교회 안의 아주 긴밀한 공동체입니다. 함께 찬양하는 형제자매들과 주님의 사랑을 나누고 그들의 삶을 위해 간절히 기도해야 합니다. 그럴 때 만나면 반갑고, 함께 찬양하는 시간이 기다려지게 됩니다. 그것을 작은 공동체가 모일 때마다 느껴야 합니다.

중심을 강조하는 과정을 무시한 채 작품의 결과만을 위해 열중했다면, 이제는 과정에 관심을 가지십시오. 예수님의 탄생을 축하한다면서, 우리를 구원하기 위해 오신 메시아는 잊어버리고 헨델의 작품에만 관심 쏟은 것을 반성해야 합니다. 우리의 관심은 결과가 아니라 우리 마음에 있어야 하기 때문입니다. 특정한 시간이 아니라 우리의 모든 삶이 중요한 이유입니다.

언행과 심령이 변해야 합니다

바울은 "선한 말을 하여 듣는 자들에게 은혜를 끼치게 하라"(엡 4:29)며 말의 중요성을 강조했습니다. 말에는 인격이 나타납니다. 말은 하는 자나 듣는 자에게 큰 영향을 미칩니다. 말로 생각과 감정을 표현하고 행동하면서 의지를 드러내기 때문입니다. 그러므로 그리스도인은 항상 그리스도인답게 말로써 믿음을 표현해야 합니다.

웨슬리는 입이 만 개가 있더라도 그 입 모두 가지고 주님을 찬양하겠다고 고백했습니다. 하나님께서 누구에게나 주신 입을 아름답게 사용해야 합니다. 언행이 참되고 선하게 변해야 찬양에서도 아름다운 열매를 맺습니다.

어느 날 점심을 사기로 하고 학생들과 계룡산에 갔습니다. 식사를 맛있게 하고 주차장까지 왔는데, 종업원이 급히 달려왔습니다. "학생들, 밥값 내야지요!"

항상 대접을 받다 보니 나도 모르게 음식 값을 내지 않고 나온 것입니다. 잘못된 언행과 습관은 작은 것부터 버려야 합니다. 삶이 거룩한 것과 세상적인 것으로 나뉘면 안 됩니다. 교회에서는 찬양하고, 밖에서는 찬양 아닌 노래만 골라 부르면 안 됩니다. 교회에서는 말씀보고, 밖에서는 이상한 것만 찾아다니는 중독자가 되어서는 안 됩니다. 그리스도인에게는 어느 특정한 시간만 중요한 것이 아닙니다.

성경은 '새 사람을 입으라, 새 노래를 부르라'고 말합니다. 니고데모를 만난 예수님이 새사람이 되는 거듭남에 대해 말씀하실 때, 니고데모는 어처구니없게도 어떻게 모태에 들어갔다가 다시 태어날 수 있느냐고 물었습니다.

예수님은 "물과 성령으로 나지 아니하면 하나님의 나라에 들어갈 수 없느니라 육으로 난 것은 육이요 영으로 난 것은 영이니"(요 3:5-6)라고 말씀하십니다. 하나님이 말씀하시는 새 옷은 심령의 새 옷을 말합니다. 하나님이 찾으시는 새 노래는 새로 작곡된 노래가 아니라, 새로운 심령으로 부르는 노래입니다.

우리는 찬양의 소리에 관심을 갖지만, 하나님은 노래하는 심령에 관심을 두십니다. 우리는 기도를 유창하게 하여 사람을 감동시키려 하지만, 하나님이 원하시는 것은 영과 마음으로 드리는 심령의 기도입니다. 우리는 봉헌의 양에 관심을 갖지만, 하나님의 관심은 양이 아니라 변화되어 드리는 심령에 있습니다. 하나님이 원하시는 것은 바로 우리입니다.

삶 가운데서 찬양이 끊이지 않도록 주님께 집중하십시오. 찬양 안에 능력 있는 말씀이 있고, 간절한 기도가 곡조 속에 있습니다. 따라서 찬양에는 문제를 해결하는 열쇠가 들어 있습니다. 찬양은 하나님과의 관계를 회복시키기 때문입니다.

하나님을 찬양하면 놀라운 일이 일어납니다. 영혼이 즐겁고 만족하게 되며(사 61:3), 마음에 기쁨이 넘칩니다(시 28:7). 영적 무기가 되고(마 21:16), 수치를 당하지 않습니다(욜 2:26). 여호와를 의지하게 되고(시 40:3), 두려움이 사라집니다(시 56:3). 그리고 기적이 일어나며(행 16:25-26, 대하 20:14-22), 구원의 역사가 일어납니다(행 2:47).

약하고 약한 것이 인간입니다. 구원을 얻고, 찬양대원이 되고, 집사가 되고, 장로가 되었지만, 변화되기가 쉽지 않습니다. 나는 주님의 것이라고 고백했지만, 언제 주님을 배반할지 모르는 연약한 존재입니다. 예배에서 기도하고 찬양하지만, 돌아서면 그 입술로 형제를 저주하고 비방하며 상처를 입힙니다. 야고보서 3장 10절은 "한 입에서 찬송과 저주가 나오는도다"라고 지적합니다. 형제를 미워하고 저주한 입술의 찬양을 하나님은 원하지 않으십니다. 오직 우리의 입술에는 찬양과 축복의 열매가 열려야 합니다.

"나 같은 죄인 살리신"(305장)을 지은 뉴턴은 일곱 살 때 어머니를 잃었습니다. 열한 살 되던 해에 아버지를 따라 뱃일을 시작했고, 결국 노예무역선 선장이 되어 온갖 죄악 가운데서 방황했습니다. 그러나 하나님의 은혜로 예수님을 영접하고, 나중에는 목회자로서 성공적인 삶을 살았습니다.

뉴턴은 "이 세상의 어떤 것도 나를 변화시킬 수 없었다. 오직 나를 만드신 하나님이 변화시켜주셨다"고 술회했습니다. "나는 죄인 중에 가장 악한 죄인이지만, 예수님은 나의 위대한 구원자시다"라고 고백하며 하나님을 찬양했습니다.

우리도 예수님을 닮아가는 언행과 심령으로 점점 변화되어야 합니다. 외형적인 변화를 뛰어넘어 심령이 변화되어야 합니다. 예수님을 바라보면 우리 영혼의 중심에 내적 변화가 일어납니다. 우리가 생각하고 느끼고 선택하는 방식이 송두리째 달라진다는 말입니다. 이 변화가 단번에 영원한 효력을 발하여 매일의 싸움이 아주 끝나면 좋겠지만, 그것은 하나님이 일하시는 방식이 아닙니다. 우리의 모든 변화는 점진적으로 일어납니다.[55] 우리의 힘으로는 변화될 수 없지만 주님이 함께하실 때 가능합니다.

Praise the LORD!

"나의 생전에 여호와를 찬양하며
나의 평생에 내 하나님을 찬송하리로다"

_ 시 146:2

Part 4
하나님이 찾으시는
찬양대

I 찬양대란 무엇인가

찬 양 대 원 의   소 명
찬양대원은 하나님께 부름받은 자입니다

이스라엘 열두 지파 중 레위 지파는 선택받은 백성이었습니다. 그들은 성전에서 하나님을 섬겼습니다. 찬양사역자 아삽과 헤만 그리고 여두둔은 하나님의 명령을 받드는 선견자와 선지자의 칭호를 받은 영적 지도자입니다. 레위 족속으로 구성된 찬양대는 제사를 드리는 인도자로 구별되었습니다. 하나님은 성전의 일을 위하여 구체적으로 직분을 맡겨주셨습니다. 역대상 25장 1절과 23장 3-5절은 레위 자손의 구분과 임무, 그리고 부름받은 사천 명의 찬양대원에 대해 자세히 언급하고 있습니다.

다윗이 군대 지휘관들과 더불어 아삽과 헤만과 여두둔의 자손

중에서 구별하여 섬기게 하되 수금과 비파와 제금을 잡아 신령한 노래를 하게 하였으니 그 직무대로 일하는 자의 수효는 이러하니라 _대상 25:1

레위 사람은 삼십 세 이상으로 계수하니 모든 남자의 수가 삼만 팔천 명인데 그 중의 이만 사천 명은 여호와의 성전의 일을 보살피는 자요 육천 명은 관원과 재판관이요 사천 명은 문지기요 사천 명은 그가 여호와께 찬송을 드리기 위하여 만든 악기로 찬송하는 자들이라 _대상 23:3-5

오늘날 하나님을 섬기는 목회자가 아론의 영적 후손이라면, 음악으로 하나님을 섬기는 찬양대원은 아삽과 헤만 그리고 여두둔의 영적 후손입니다. 성경의 관점에서 볼 때, 찬양대원은 선택된 봉사자로서 책임이 주어진 것입니다. 이 직분은 아무에게나 주어지는 것이 아닙니다. 사람이 지명한 것 같지만 하나님이 부르신 것입니다. 찬양대원은 회중 가운데 선택되지만, 목회자가 인도하는 예배의 중요한 부분을 담당하고 있다는 확신을 가져야 합니다. 다시 말해, 찬양대원은 사람에게서 사명을 받은 것이 아니라, 하나님께 부름받고 찬양하는 직분을 맡은 것입니다.

목회자 바넷(Henny Barnett)은 하나님의 부르심 단계를 세 단계로 나누어 설명했습니다.

1단계 예수님을 주인으로 영접하여 하나님의 자녀가 되는
단계
2단계 하나님을 믿는 단계에서 거룩한 삶을 살아가는 단계
3단계 모든 삶이 하나님의 영광을 위해 살도록 부름받은 단계

1-2단계를 통과하고, 마지막 3단계인 하나님의 영광을 위해
모든 삶을 바치도록 부름받은 것은 목회자가 되라는 말이 아닙니
다. 어떤 일을 하든지 왕 같은 제사장으로서 하나님 중심의 삶을
살라는 의미입니다.

학생이 꿈을 가지고 공부할 때 하나님 중심이라면, 마지막 단
계의 삶을 사는 것입니다. 사업가가 사업할 때나 가정주부가 집
안일을 할 때, 근본적인 삶의 목적은 하나님을 위해 최선을 다하
는 것입니다. 바울은 무엇을 하든지 하나님의 영광을 위해 하라
고 권면했습니다. 이렇게 하나님 중심으로 사는 사람이 소명대로
구원의 감격을 노래하는 자입니다.

우리는 서로 다른 직업을 갖고 있지만, 하나님께서 맡겨주신
직분은 찬양하는 것입니다. 하나님의 관심은 우리의 직업에 있지
않고 교회의 일에 있지도 않습니다. 우리가 하나님의 부르심에
합당한 삶을 살고 있는지에 있습니다. 찬양으로 섬기는 찬양대원
은 확실한 소명의식을 가지고 직분을 감당해야 합니다.

이처럼 구약시대나 지금이나 찬양대원은 특별한 사명을 감당
하도록 하나님께 부름받은 자입니다. 찬양대는 자신의 환경과 감

정에 따라 봉사하는 자리가 아닙니다. 바쁘다는 핑계로 찬양하는 일에 소홀해서는 안 됩니다. 기분이 우울하다고 연습에 빠져서도 안 되고, 급한 일이 있다고 찬양을 우선순위에서 밀어버려도 안 됩니다. 우리는 예수님의 피의 공로로 왕 같은 제사장으로 부름받은 자녀입니다. 하나님의 부르심에 확신을 가지고 합당한 삶을 사십시오!

찬양대원은 예배하는 프롬프터입니다[56]

앞에서도 말했듯 사람들은 예배를 연극에 비유하곤 합니다. 연극에는 배우와 관객이 존재합니다. 그런데 예배는 꾸며진 가상의 연기가 아니라 살아계신 하나님께 드리는 실제 상황입니다. 오직 하나님만이 관객이시고, 모든 예배자는 한 사람도 빠짐없이 하나님을 위해 연기하는 배우와 같습니다.

그렇다면 목회자도 찬양대원도 연기자인가요? 그렇습니다. 목회자뿐 아니라 예배순서를 맡은 모든 인도자도 연기자입니다. 동시에 모든 인도자는 회중이 예배하도록 돕는 역할을 합니다.[57] 이렇게 하나님과 성도를 섬김으로써 예배를 인도하는 자가 프롬프터(prompter)입니다.

프롬프터는 연극이나 오페라를 공연할 때, 관객이 볼 수 없는 곳에서 연기자에게 대사나 동작을 알려주는 사람입니다. 프롬프터의 소리가 커서 객석에 들리면 안 되며, 소리가 너무 작아 배우가 듣지 못하면 아무 소용이 없으므로 이 또한 안 됩니다. 교회에서 이따금 어린아이들이 연기하거나 노래할 때, 맨 앞자리에 앉아 몸짓이나 입 모양으로 알려주는 선생님이 프롬프터입니다. 이처럼 프롬프터는 아이들이 연습한 것을 잊지 않고 잘 할 수 있도록 조용히 도와주는 조력자입니다.

찬양대원은 예배하는 프롬프터입니다. 찬양대원은 순서에 따라 회중과 함께 찬양하고, 기도송을 부르며, 설교 전 찬양곡을 부르고, 축도송을 부릅니다. 찬양대원은 회중이 기도하고 찬양하며 믿음의 결단을 할 수 있도록 돕는 프롬프터입니다. 프롬프터는 교사, 코치, 조력자, 훈련자, 선포자입니다. 또 끝까지 포기하지 않도록 이끌어주는 인도자이고 위로자이며 격려자입니다. 찬양대원은 프롬프터로서 음악을 도구로 찬양하고 선포하며, 회중이 음악을 통해 믿음을 표현할 수 있도록 도와주는 역할을 합니다. 다시 말해, 찬양대원은 스스로 예배하고, 회중이 하나님을 예배하도록 돕는 프롬프터입니다.

이따금 프롬프터가 역할을 감당하지 못하고 심지어 방해꾼이 되는 경우를 봅니다. 예를 들면, 인도자 자신이 예배자라는 것보다 인도자라는 생각이 앞설 때입니다. 그러면 온 마음으로 드리는 예배가 아니라 일이 되고 맙니다. 한마디로 예배자로서 모범이 되지 않습니다. 이럴 때 예배에 집중하지 않는 인도자의 마음을 회중이 읽고 있다는 것을 명심해야 합니다.

목사님이 찬양시간에 찬양에 집중하지 않고 설교 원고를 뒤적인다든지, 찬양대원이 설교 말씀에 귀 기울이지 않고 찬양곡을 살피는 것 등이 이런 경우입니다. 무엇보다 좋은 예배자가 가장 좋은 인도자가 될 수 있습니다.

찬양대원은 음악을 도구로 위로는 하나님을 섬기고 아래로는 교인을 섬기는 프롬프터의 역할을 감당해야 합니다. 프롬프터는 있으나마나 한 사람이 아니라 예배인도를 위해 꼭 필요한 사람입니다. 다시 강조하면, 찬양대원은 하나님을 높이는 예배자이며 동시에 회중을 돕는 인도자입니다.

찬 양 대 원 의   자 세
찬양대원은 성숙한 그리스도인이어야 합니다[58]

찬양대원은 성숙한 그리스도인으로서 인도자의 역할을 감당해야 합니다. 교회음악가 매킨타이어(Dean B. McIntyre)와 스티어(Dwight Steere)는 "찬양대는 음악 부분에서 목회자를 대신해 예배를 이끌어 간다"고 했습니다. 찬양대원은 음악사역의 한 부분을 담당합니다. 다시 말해, 예배음악의 꽃인 다양한 회중찬양을 비롯해 예배찬양을 담당하여 전반적으로 예배음악을 인도합니다. 그러므로 신앙생활의 모든 면에서 모범이 되어야 합니다.

다음의 각 문항에 5점을 최고 점수로 매기면 총 100점이 됩니다. 각 문항을 1-5점으로 하여 스스로 점수를 매겨보십시오.

공중예배

1. 찬양대원으로 하나님이 부르신 것을 확신합니다.
2. 경건한 마음으로 예배를 준비하며 시간을 지킵니다.
3. 예배자로서 적극적으로 참여합니다.
4. 인도자로서 확신과 리더십을 갖습니다.
5. 모든 예배순서에서 행동으로 모범이 됩니다.
6. 최선을 다해 준비한 찬양곡을 하나님께 드립니다.
7. 회중과 함께 찬양할 때도 최선을 다합니다.
8. 인도자, 제사장, 선지자의 기능을 감당합니다.
9. 단정한 복장과 태도로 예배에 참여합니다.
10. 무엇보다도 영과 진리로 하나님을 예배합니다.

신앙생활

1. 모든 삶을 하나님께 맡기고 기도합니다.
2. 언제나 찬양하는 생활을 합니다.
3. 삶으로 드리는 예배에서 승리하려고 힘씁니다.
4. 개인의 신앙과 음악의 성장을 위해 노력합니다.
5. 겸손한 마음으로 맡은 일에 최선을 다합니다.
6. 찬양뿐 아니라 교회 일에 적극 참여합니다.
7. 대원들을 격려하며 성도의 교제를 나눕니다.

8. 겸손하며 대원들과 화목합니다.

9. 모든 신앙생활에서 모범이 됩니다.

10. 무엇보다 하나님 중심으로 교회를 섬깁니다.

2 찬양대의 영적 사명

사 명 자
찬양대원은 사명을 받은 자입니다

찬양 가사처럼 "나를 지으신 이가 하나님, 나를 부르신 이가 하나님, 나를 보내신 이도 하나님"입니다. 하나님은 우리를 자녀로 부르시고, 각자에 맞는 사명을 맡겨주셨습니다. 찬양대원에게는 예배에서 아주 중요한 찬양의 사명을 맡기셨습니다. 찬양대원은 공중예배를 인도하는 인도자, 하나님의 말씀을 선포하는 선지자, 그리고 회중을 대표하여 찬양의 제물을 드리는 제사장적 역할을 담당합니다. 이 직분을 감당하는 것은 자신이 훌륭해서가 아닙니다. 하나님께서 영광받으시려고 사명을 맡겨주셨다는 확신을 가져야 합니다.

구약시대에 찬양을 맡은 제사장과 레위인은 훈련된 사람이었습니다. 그들이 성전에서 찬양으로 하나님을 섬길 때 하나님이 늘 함께하셨습니다. 역대하 5장 12-14절은 솔로몬이 성전을 봉헌할 때 찬양대와 악기를 연주하는 제사장 120인이 여호와께 찬양과 감사를 드린 것에 대해 언급합니다. "모든 악기를 울리며 소리를 높여 여호와를 찬송하여 이르되 선하시도다 그의 자비하심이 영원히 있도다 하매 그 때에 여호와의 전에 구름이 가득한지라." 소리 높여 준비된 찬양을 외칠 때 구름이 가득했습니다. 이것은 하나님의 임재를 의미합니다. 찬양의 직분을 맡은 자들이 찬양할 때 성전에 하나님의 영광이 가득했던 것입니다.

이같이 찬양대원은 하나님의 부르심에 확신을 갖고 맡겨진 사명을 감당해야 합니다. 찬양대원의 사명은 최선의 찬양으로 하나님을 영화롭게 하는 것입니다. 하나님이 받으시기에 합당한 찬양의 제물을 드리기 위해 언제나 신실한 믿음의 상태를 유지해야 합니다. 그러므로 언제나 성령으로 충만하고(엡 5:19), 영과 마음으로 기도하고 찬양하며(고전 14:15), 그리스도의 말씀이 풍성히 거하도록(골 3:16) 힘써야 합니다. 성숙한 믿음 없이는 하나님께서 맡겨주신 직분을 감당할 수 없기 때문입니다.

찬양대가 독립적으로 부르는 찬양과 송영, 기도송 등의 가사가 하나님을 향했다면, 찬양대는 회중을 대표해 음악으로 하나님께 영광 돌리는 역할을 한 것입니다. 물론 찬양대가 하나님께 찬양할 때 찬양대원은 노래함으로써, 회중은 들음으로써 찬양에 함께 참여하게 됩니다.

"성도를 온전하게 하여 봉사의 일을 하게 하며 그리스도의 몸을 세우려 하심이라"(엡 4:12)는 말씀처럼, 찬양대원의 사명은 서로 섬기며 하나님께 영광 돌리는 것입니다. 찬양대원은 하나님의 부르심에 감격해 재능과 시간 그리고 심령을 드리는 찬양의 사명자입니다.

선 포 자
찬양대원은 말씀을 선포합니다

몇 년 전 찬양을 부탁받고 미국 교회에서 찬양한 적이 있습니다. 그날 오전 예배에는 메시지가 두 번 있었습니다. 주보에는 담임목사님의 '설교 말씀'(message)과 내가 맡은 '음악을 통한 말씀 선포'(message in music)가 적혀 있었습니다. 찬양을 음악과 언어 그리고 행위로 할 수 있듯이, 말씀도 성경봉독과 설교를 통해서는 물론이고 음악을 매개체로 선포할 수 있습니다.

예배는 하나님의 계시와 인간의 응답으로 이루어집니다. 계시는 내려오는 것이고 응답은 올라가는 방향성이 있습니다. 계시로 사용되는 도구에는 성경봉독, 설교, 음악, 침묵 등이 있습니다. 여기서 강조하는 것은 설교뿐 아니라 음악도 계시의 역할을 한다는 것입니다.

종교개혁에 불을 지핀 후스(Jan Hus)는 "목회자는 설교를 통해 하나님의 말씀을 선포하지만, 찬양을 통해서도 선포해야 한다"고 말했습니다.

찬양대는 말씀을 선포하는 선지자 역할을 합니다. 찬양대가 주로 부르는 노래는 수직상향적으로 하나님을 찬양하는 노래지만, 자신과 회중을 향해 선포하는 수직하향적인 노래도 가끔 부릅니다. 하나님의 말씀을 말로 선포하는 것이나 음악으로 선포하는 것이나 모두 선포하는 것입니다. 말 또는 음악으로 선포할 수 있을 뿐 아니라, 말 또는 음악으로 찬양할 수 있습니다.

구약시대의 레위 사람 아삽과 헤만 그리고 여두둔은 영적 지도자들이었습니다. 역사적으로 볼 때 19세기 대중복음주의 전통을 따르는 미국 교회에서는 찬양대의 역할을 복음전파자로 보았습니다. 찬양대 좌석을 회중이 마주 볼 수 있도록 강대상 뒷면에 배치한 것이 바로 그런 이유입니다. 선포를 위해 찬양대를 기능적으로 배치한 것입니다. 요즘 우리나라에서도 이런 좌석 배치를 볼 수 있습니다.

복음전도자 무디는 자서전에서 "내가 전한 복음의 절반은 생키의 동역이었다"고 고백합니다. 무디는 설교를 통해 이성을 깨우침으로 복음을 전했고, 생키는 음악으로 감성에 호소하여 복음을 전했습니다. 이 두 가지가 서로 보완하고 연합하여 복음이 선포된 것입니다.

찬양대원들은 음악으로 하나님의 말씀을 선포하고 권면합니다. 이 경우 찬양대는 하나님의 말씀을 알려주는 선지자 역할을 하는 것입니다. 선지자의 기능을 감당하는 음악은 하나님의 말씀을 직접적으로 선포하는 가사여야 합니다. 찬양대가 하나님의 말씀을 성도들에게 직접 선포하는 것입니다.

찬양대가 선지자의 기능을 감당하기 위해서는 하나님의 선택된 종으로서 올바른 몸과 마음가짐을 지녀야 합니다. 또 찬양대원은 확신 있는 태도와 영과 마음으로 노래해야 합니다. 음악을 수단으로 말씀을 선포하는 것과 성경봉독이나 설교를 통해 말씀을 선포하는 것은 같은 것이기 때문입니다. 목사님이 설교할 때 믿음 없이 입으로만 전한다고 생각해 보십시오. 말씀의 능력이 전달될 수 없습니다. 확신 없이 찬양을 선포하면 회중이 찬양의 능력을 느낄 수 없습니다. 전심으로 하나님을 찬양하십시오. 영혼을 사랑하는 마음을 가지고 음악으로 복음을 선포하십시오.

인 도 자
찬양대원은 예배를 인도합니다

모든 예배순서와 음악은 연결되어 있습니다. 기도한 후 기도송을 부르고, 설교 전에 찬송을 부르며, 축도 후에 축도송을 부릅니다. 예배의 중요한 요소인 기도와 찬양은 서로 관련이 깊습니다. 찬양에 기도 내용이 들어 있고, 기도는 하나님을 찬양하는 내용으로 가득합니다. 주기도문을 노래로 하는 경우는 기도를 완전히 노래로 하는 것입니다. 예배에서 음악을 주도하는 찬양대는 음악으로 예배를 인도합니다. 그래서 미국 교회는 주보에 '예배인도자'를 소개할 때 예배를 인도하는 담임목회자와 음악을 맡은 찬양대를 소개합니다.

시편 100편을 근거로 '지성소로의 여행' 예배 모델을 창안한 콘월(Judson Cornwall)은 인도자에 대해 이렇게 말합니다. "인도자는 회중의 영적 상태가 어디에 위치해 있고, 어디로 이끌어야 하며, 언제 도착할 수 있는지를 알아야 합니다."[59] 한마디로 찬양으로 예배를 인도하는 자는 회중의 영적 상태에 민감해야 한다는 것입니다. 좋은 사공이 배를 산으로 이끌지 않듯, 그룹으로 구성된 찬양대는 회중이 하나님을 예배할 수 있도록 인도해야 합니다. 예배인도자는 회중의 음악적 표현보다도 회중의 영적 상태에 관심을 가져야 합니다. 영이신 하나님께 영과 진리로 예배를 드려야 하기 때문입니다.

찬양대는 회중이 사운드에 대한 관심이 아닌, 즉 자기 중심이 아닌 하나님 중심의 예배를 드리도록 인도해야 합니다. 영적인 예배는 아름다운 소리가 아니라 아름다운 심령을 요구합니다. 그러므로 찬양은 예배를 영과 진리로 이끌어가는 도구가 되어야 합니다. 사람들은 음악적인 아름다움에 많은 관심을 갖습니다. 그러나 찬양은 음악활동이 아니라 영적인 활동입니다. 음악을 도구로 사용할 뿐입니다. 그래서 예수님은 영과 진리로 드리는 예배를 말씀하시고, 바울은 영과 마음으로 부르는 찬양을 강조한 것입니다.

찬양은 우리의 중심을 표현하기에 효과적입니다. 그리스도인은 찬양으로 믿음을 표현합니다. 찬양을 통해 하나님께 심령을 드리고, 말씀을 선포하며, 예배를 인도합니다. 찬양대가 이끄는 예배음악은 회중찬양, 찬양대 찬양곡, 송영, 기도송, 축도송 등이 있습니다. 영과 마음으로 부른 기도송은 우리의 마음을 하나님께 향하게 합니다. 축도 후에 힘차게 부른 축도송은 예배자의 마음 속에 복의 근원이 되신 하나님과의 동행을 확신하게 합니다. 그러므로 찬양대는 예배인도자로서 사명을 갖고 찬양을 인도해야 합니다.

예배인도자로서 찬양대원은 회중의 반응에 관심을 기울여야 합니다. 찬양은 회중이 가장 적극적으로 참여하는 순서이기 때문입니다. 그래서 자연스럽게 회중은 찬양대에 관심을 갖게 됩니다. 찬양대가 예배의 초점을 흐트러뜨리면 안 됩니다. 찬양대는 회중이 예배의 초점을 제대로 맞추도록 도와야 합니다. 회중이 거룩하신 하나님께 예배드리고 변화될 수 있도록 돕는 예배인도자가 되어야 합니다.

찬양대가 단순히 음악만을 인도한다고 생각하지 마십시오. 찬양대는 예배인도자로서 영적 사명을 받은 자입니다. 그러기 위해서 먼저 성령으로 충만해야 합니다. 찬양대원이 먼저 깨어 기도하며 찬양할 때 예배가 달라집니다. 온전히 하나님께 중심을 드리는 예배는 회중을 참된 예배로 인도할 것입니다.

3 찬양대의 음악적 사명

최 선 의   음 악
최선의 찬양을 드리십시오

최선의 찬양은 온 마음을 다해 가장 아름다운 음악으로 준비한 제물입니다. 그렇다고 온통 음악의 아름다움에 관심을 집중하라는 뜻은 아닙니다. 그리스도인이 하나님 밖에서 아름다움을 추구한다면 잘못된 것입니다. 오히려 하나님은 성숙하지 못한 음악일지라도 하나님께 집중된 찬양을 원하십니다. 하나님의 영광을 위해 준비된 최선의 찬양을 드리십시오.

그렇다면 찬양은 '실용적이어야 하는가, 아니면 심미적이어야 하는가' 하는 의문이 듭니다. 실용적인 음악은 쉽게 진리에 집중하게 하는 장점이 있습니다. 반면, 심미적인 음악은 많은 노력이 요구되어 진리에 몰입하기가 쉽지 않습니다. 예술 없이도 하나님을 예배할 수 있고, 예술은 있으나 예배할 수 없는 상황이 있을 수 있다는 말입니다. 그런데 우리는 진리와 아름다움을 모두 붙잡아야 합니다. "무엇에든지 참되며 무엇에든지 경건하며 무엇에든지 옳으며 무엇에든지 정결하며 무엇에든지 사랑 받을 만하며 무엇에든지 칭찬 받을 만하며…"(빌 4:8). 무엇에든지 최선을 다하라는 하나님의 명령을 생각할 때, 우리는 아름다운 찬양으로 최고의 하나님께 영광을 돌려야 합니다.[60]

음악이라는 매개체를 통해 하나님과 성도를 섬기는 찬양대원은 훌륭한 사역을 위해 음악적 자질이 필요합니다. 찬양대원에게는 악보를 읽을 수 있는 음악의 기초이론과 소리의 어울림을 위한 가창 능력이 요구됩니다. 음악적 발전은 단기간에 가져올 수 없으므로 끊임없이 노력해야 합니다.

하나님이 구약시대에 레위인에게 성전음악의 임무를 맡기셨을 때, 그들은 최선의 찬양을 위해 노력했습니다. "찬송하는 자가 있으니 곧 레위 우두머리라 그들은 골방에 거주하면서 주야로 자기 직분에 전념하므로 다른 일은 하지 아니하였더라"(대상 9:33). 구약시대 찬양을 맡은 이들은 아름다운 소리를 내기 위해 최선을 다했습니다. "새 노래로 그를 노래하며 즐거운 소리로 아름답게 연주할지어다"(시 33:3). "아름답게 연주할지어다"라는 말을 기억하십시오. 이처럼 맡겨진 일에 최선을 다할 때 아름다운 소리로 찬양할 수 있습니다.

찬양은 준비 없이 협력할 수 없고, 준비와 협력 없이 기대될 수 없습니다. 그러므로 찬양대원은 예배를 위해 준비가 필요합니다. 회중이 연습 없이 노래하기 때문에 찬양대원의 철저한 준비가 필요한 것입니다. 찬양대의 철저한 준비가 모든 이들이 최선의 찬양을 부르도록 인도합니다. 그리스도인에게는 매주일이 하나님을 마음껏 찬양하는 한 주간 삶의 클라이맥스가 되어야 합니다.

최선의 찬양을 드리기 위한 바람직한 자세

1. 올바른 자세로 노래하는 습관을 갖습니다.
2. 아름다움을 위해 모음을 정확히 노래합니다.
3. 가사 전달을 위해 자음을 정확히 노래합니다.
4. 가사를 이해하고 표정과 목소리로 표현합니다.
5. 음악을 이해하고 알맞은 분위기를 표현합니다.
6. 다른 파트가 연습할 때는 조용히 듣습니다.
7. 찬양 곡의 셈여림과 템포를 지킵니다.
8. 다른 사람의 소리를 들으며 노래합니다.
9. 악보만 보지 말고 지휘자를 바라봅니다.
10. 연습 시 지휘자의 요구를 악보에 표기합니다.

생동감 있게 찬양을 표현하십시오

댈러스 지역 '한인 찬양페스티벌'에서 있었던 일입니다. 한인 교회의 행사에 미국 찬양대 몇 팀을 초청했습니다. 그런데 눈에 띄게 재미있는 일이 일어났습니다. 80여 명으로 구성된 어느 한인 교회 찬양대의 찬양곡과 열두 명으로 구성된 흑인 교회의 선곡이 같았습니다. 두 팀의 인원은 비교가 되지 않았지만, 흑인 찬양대의 뜨거운 찬양이 압도적으로 회중을 인도했습니다.

비교의 핵심은 표현에 있었습니다. 흑인 찬양대는 아주 적은 수였지만 소리와 표정이 살아 있었고, 한인 찬양대의 표정에는 생기가 없었습니다. 양이 아니라 질이 문제이며, 질의 핵심은 표현인 것입니다. 이 표현은 그들의 마음과 영에서부터 흘러나온 것입니다.

오래 전 미국에서 공부할 때 성악을 가르쳐주신 셔먼(Mozelle Sherman) 교수가 내 노래를 듣더니 잊을 수 없는 한마디를 남겼습니다. "너무 멋진 소리를 주신 하나님께 감사해야겠다. 아주 아름다운 소리야! 그런데 가사를 눈과 몸으로 표현해 봐." 한마디로 소리는 좋은데 표현은 아주 아니라는 것이었습니다. 노래 가사를 몇 번이고 낭송하며 표정을 짓느라 무척이나 어색했던 기억이 있습니다. 미래의 지도자가 되기 위해서는 귀로 듣는 오디오보다도 볼 수 있는 비디오의 역할이 중요하다며, 그분은 보이는 표현을 강조했습니다.

찬양은 목소리와 표정으로 나타내야 합니다. 우리나라 사람들은 유교 사상의 영향으로 잘 표현하지 못합니다. 슬퍼도 슬퍼하지 않고 기뻐도 기쁜 척하지 않는 것을 미덕으로 생각합니다. 그러나 찬양할 때는 목소리는 물론 눈빛, 표정, 몸짓으로 음악의 내용이 표현되어야 합니다. 내적인 표현이 가장 중요하지만, 외적으로도 잘 표현된 찬양에 회중은 공감합니다. 가사의 주제를 파악하여 찬양, 기쁨, 확신 등의 의미를 목소리와 몸짓으로 표현해야 합니다. 소리도 중요하지만 표정도 매우 중요합니다. 표정은 마음에서부터 나오기 때문입니다.

찬양에 감정을 실을 때 표현은 저절로 됩니다. 존 파이퍼 목사는 예배에서 하나님을 영화롭게 하는 감정 표현에 대해 언급하며 이렇게 묻습니다. "하나님을 향한 경이감에 기쁨을 표현하면서 절정에 이르는 예배 체험과, 하나님의 목적에 기여하기 위해 너무 큰 기쁨에 빠지지 않으려 노력하면서 절정에 이르는 예배 체험 중 어느 것이 하나님을 더 영화롭게 하겠는가?" 사실 존 파이퍼 목사의 말대로 미묘한 문제입니다. 중요한 것은 우리의 예배 감정이 하나님을 향해 있다면, 우리 마음의 다양한 감정은 자연스럽게 표현된다는 것입니다.[61]

찬양 중에 실수하더라도 침착한 자세를 유지해야 합니다. 전문가도 이따금 실수를 합니다. 찬양 중에 실수할 경우 자세를 흐트러뜨리지 말고 몸가짐을 계속 유지해야 합니다. 연습할 때는 최선을 다하되, 예배에서는 연주자가 아닌 영과 마음으로 찬양하는 예배자임을 잊지 말아야 합니다. 자신은 물론이고 남의 실수에도 관여하지 않고 찬양에 집중할 때, 회중은 찬양대의 실수를 알아차리지 못합니다. 그러나 이상한 몸짓을 하거나 궁색한 표정을 지으면 회중이 알게 되어 은혜가 되지 않습니다. 최선을 다해 그리고 당당하게 찬양하십시오.

간주 부분에서도 노래하는 감정을 유지해야 합니다. 반주자의 전주, 간주, 후주 또는 독창자의 솔로 부분에서도, 찬양대원은 음악과 함께 호흡하면서 노래하는 감정을 유지해야 합니다. 맡은 파트가 쉬는 부분에서도 자세가 흐트러져서는 안 됩니다. 자신의 파트가 쉰다고 회중을 바라보거나 노래에 집중하지 않으면 안 됩니다. 노래하는 사람들과 같은 감정을 유지하면서 이어질 음악을 준비해야 합니다. 쉴 때나 노래할 때나 찬양하는 동안에는 가사가 살아 움직이도록 가사를 생동감 있게 표현하십시오.

무엇보다도 영으로 그리고 마음으로 찬양해야 합니다. 고린도전서 14장 15절 말씀은 영과 마음의 찬양을 강조합니다. 영과 마음 중 어느 한쪽도 준비가 되지 않으면 좋은 찬양이 될 수 없습니다. 이것은 한 바퀴가 없으면 균형을 잃어버리는 수레의 두 바퀴와 같습니다. 영적인 준비 없이 영적인 찬양을 할 수 없으며, 가사와 음악의 이해 없이 마음의 찬양을 할 수 없습니다. 영적인 찬양은 성령님의 능력으로 가능합니다. 그러나 마음의 찬양은 우리의 노력이 필요합니다.

찬 양 의   인 도
찬양인도자라는 확신을 가지십시오

아주 오래 전 '참새 시리즈'가 유행했습니다. 참새 세 마리가 전 깃줄에 앉았습니다. 포수가 총을 겨누는 것을 본 참새 한 마리가 날면서 소리쳤습니다. "총알이다!" 옆에 앉았던 참새가 그 소리를 듣고 날면서 너무 급한 나머지 그만 "콩알이다!"라고 소리쳤습니다. 나머지 한 마리는 "이게 웬 떡이냐!" 하며 입을 크게 벌렸다가 총알을 먹고 죽었다는 이야기입니다.

"총알이다!"라고 소리친 참새는 좋은 인도자지만, "콩알이다!" 라고 소리친 참새는 친구를 죽음으로 인도했습니다. 어떤 일이든 성공과 실패는 인도자에게 달렸습니다. 깨어있는 인도자가 되겠습니까, 아니면 죽음으로 인도하는 인도자가 되겠습니까?

찬양대는 성도로 구성되지만, 예배의 중요한 부분을 담당하여 회중에게 많은 영향을 끼칩니다. 후퍼는 찬양대의 기능과 역할에 대해 "찬양대는 회중과 함께 노래하고, 회중을 대표하여 노래하며, 회중을 향해 노래한다"고 했습니다.[62] 이것은 예배에서 찬양대의 기능을 말하는 것입니다. 다시 말해, 찬양대원은 넓게는 예배인도자로서, 좁게는 찬양인도자로서 회중을 인도합니다.

예배에서 음악으로 섬기는 찬양대원은 아름다운 소리로 찬양해야 합니다. 하나님은 중심을 보시지만, 육신의 귀와 입을 가진 우리는 보고 듣는 것에 영향을 받습니다. 그러므로 회중이 아름다운 소리를 들으면서 자신의 믿음을 하나님께 표현할 수 있도록 아름답게 찬양해야 합니다.

찬양대가 아름답게 부른 찬양곡은 예배자의 마음을 하나님께 향하게 합니다. 찬양대는 입으로 부르고, 회중은 귀로 들으면서 영과 마음으로 찬양하게 됩니다. 음악은 어떤 예술이나 도구보다도 하나님을 섬기는 최고의 수단임에 틀림없습니다.

찬양대는 연습한 찬양곡을 부를 때는 아름답게 부르려고 최선을 다합니다. 그러나 회중과 함께 회중찬양을 할 때는 적당히 부르는 경우가 있습니다. 사실 찬양대는 모든 찬양을 주도적으로 인도해야 합니다. 특히 찬양대는 회중찬송 부르기에 관심을 가지고 잘 인도해야 합니다.

회중에게 낯설고 어려운 찬양을 한다고 가정해 봅시다. 익숙하지 않기 때문에 모든 사람이 잘 부르기가 쉽지 않을 것입니다. 그때 찬양대가 잘 인도하면 회중은 익숙한 곡처럼 찬양을 잘 할 수 있을 것입니다. 분명한 것은 회중찬양을 할 때도 주님의 임재를 구하는 참된 예배자여야 합니다.

또 회중이 매너리즘에 빠지지 않도록 찬양대는 다양한 방법으로 찬양 부르기를 시도해야 합니다. 예를 들면, 회중찬송을 부를 때 찬양대와 회중이 교창으로 부를 수 있습니다. 또 찬양대가 데스칸트(주된 선율보다 보통 더 높게 부르거나 연주하는 선율)를 준비하여 회중과 함께 찬양하는 것도 효과적입니다. 이럴 때 회중은 습관적인 태도에서 벗어나 찬양 부르기에 적극 참여하게 됩니다.[63]

찬양대는 행동으로 예배를 인도합니다. 한국 교회 대부분의 찬양대 좌석은 회중과 마주보거나 회중석과 90도 각도인 곳에 배치됩니다. 그래서 항상 노출된 찬양대원의 태도는 회중에게 상당한 영향을 끼칩니다. 그러므로 열정적으로 찬양하는 모습, 간절히 기도하는 모습, 말씀을 사모하여 듣는 태도, 일어서고 앉는 것 등에서 행동으로 예배를 인도하게 됩니다. 이때 본이 되는 행동으로 잠자는 영혼을 깨워야 합니다. 예배자로서 본이 되는 예배는 다른 사람을 살릴 뿐 아니라 자신이 회복되고 되살아나는 기회가 됩니다. 이렇게 음악과 행동으로 보여준 모범이 영적 예배로 승화되도록 인도자의 사명을 잘 감당해야 합니다.

Praise the LORD!

"할렐루야 우리 하나님을 찬양하는 일이 선함이여
찬송하는 일이 아름답고 마땅하도다"

_ 시 147:1

Part 5
믿음의 선진들의
찬양관

I 종교개혁가들의 찬양관[64]

모 든 음 악 을 수 용 한
마르틴 루터(Martin Luther, 1483-1546)

종교개혁가들이 추구한 종교개혁의 핵심 사상은 오직 믿음, 오직 말씀, 오직 은혜입니다. 그들은 믿음과 말씀, 하나님의 은혜로 구원받는다는 사실을 온 세상에 드러냈습니다. 인간의 어떤 노력이나 행동으로 구원받는 것이 아니라, 구원은 전적으로 하나님의 주권에 있음을 강조한 것입니다. 종교개혁 사상은 예배에 영향을 미쳤고, 자연스럽게 예배음악에 변화를 가져왔습니다.

16세기는 어느 때보다도 교회의 부패가 심해 곪아 터질 지경이었습니다. 가톨릭교회는 부요해지고, 일반인의 세금은 늘어났으며, 심지어 성직을 매매하는 등 부도덕한 일들이 발생했습니다. 교회의 부패는 결국 새로운 영성회복 운동이 일어날 수밖에 없는 상황에 이르게 되었습니다.

이때 젊은 사제 루터가 개혁을 요구하고 나섰습니다. 그것은 다름 아닌 예배의 개혁이었습니다. 그는 1517년 10월 31일 비텐베르크교회 정문에 개혁을 담은 95개 조의 반박문을 붙임으로써 종교개혁에 불을 지폈습니다.

종교재판에 출두 명령을 받은 시기에 루터가 지은 찬송 "내 주는 강한 성이요"(585장)에는 그의 의지가 잘 드러나 있습니다. 루터를 걱정한 동역자들은 생명이 위험하니 출두하지 말라고 말렸지만, 루터는 "그곳 보름스(Worms) 지붕 기왓장만큼이나 많은 마귀들이 나를 공격하더라도 반드시 가겠다"며 의지를 굽히지 않았습니다. 보름스의회가 열리기 전날, 루터는 하나님을 의지하는 자들에게 용기를 주기 위해 이렇게 고백했습니다. "내 주는 강한 성이요, 방패와 병기되시니, 큰 환난에서 우리를 구하여 내시리로다." 목숨을 건 루터의 개혁의지가 이 찬송에 고스란히 담겨 있습니다.[65]

루터는, 예배와 찬양은 회중이 드리는 것이므로 무엇보다 회중의 참여를 강조했습니다. 루터는 회중의 참여가 언어에 달려 있음을 인식하고, 예배에서 사용되는 라틴어를 자국어인 독일어로 바꾸었습니다. 또 회중찬송을 부활시켜 자국어로 찬양할 수 있도록 힘썼는데, 이것은 획기적인 개혁이었습니다. 예배에서 사용되는 의식음악을 제외하고 모든 찬송을 자국어로 부르게 한 것입니다. 루터는 "언어와 음악은 분리할 수 없는 것으로 함께 번역되어야 한다"고 했는데, 이 말은 가사와 음악의 어울림을 강조한 것입니다.[66]

이러한 그의 주장은 누구보다도 작사와 작곡을 권장했습니다. 루터는 찬송 "내 주는 강한 성이요"를 작사 작곡했습니다. 예배개혁을 주장하고 회중이 참여할 수 있도록 많은 찬송을 만들려고 했으나, 여러 가지 어려움에 부딪혔습니다. 할 수 없이 그는 세속 곡조에 가사를 바꾸어 부르는 콘트라팍툼(contrafactum)을 수용했습니다. 회중찬송을 부르기 위해 당시의 민요나 대중가요의 선율을 차용한 것입니다. 예배에서 회중의 참여를 강조한 그는 찬송으로 복음을 표현할 수 있다고 확신했습니다.[67]

> 음악은 사람의 선물이 아니라 하나님께서 아낌없이 주신 선물이다. 자연의 바람소리부터 새들의 노래까지 하나님이 창조하신 모든 만물 속에 음악이 나타난다. 이 자연의 음악을 사람이 아름답게 발전시킬 때 예술적인 음악이 만들어진다. 음악은 하나님의 위대하심을 찬양할 힘을 가진 하나님의 창조물이다. 좋은 목적으로 사용되는 음악은 복음의 말씀과 같은 효과를 만들어낸다.

"음표는 가사를 살아있는 것으로 만든다"는 루터의 주장은 그의 폭넓은 교회음악관을 말하고 있습니다. 루터는 칼빈이나 츠빙글리와 달리 문화에 배타적이지 않고, 성경이 금하지 않은 것은 무엇이든 사용할 수 있다는 폭넓은 음악관을 가졌습니다.[68]

루터의 적극적인 음악관

- 음악은 하나님이 인간에게 주신 최고의 선물입니다.
- 음악은 하나님의 창조물이며 기악음악도 허용합니다.
- 음악은 신학과 매우 가깝습니다.
- 음악은 사람의 생각, 감각, 마음, 감정을 다스립니다.
- 음악은 인간의 내면에 있는 것을 불러일으킵니다.
- 음악은 죄 없는 기쁨을 일으킵니다.
- 음악은 마귀를 몰아내게 합니다.
- 음악을 통해 복음을 선포합니다.

루터는 음악뿐 아니라 모든 예술을 폭넓게 수용했습니다. 예술이 복음을 무시하거나 파괴한다는 견해를 갖지 않았습니다. 또 모든 예술, 특히 음악은 그것을 창조하고 우리에게 주신 하나님을 예배하는 데 쓰여야 한다고 생각했습니다.

현대 교회는 음악을 적극적으로 사용해, 기악음악이나 합창음악이 교회음악의 중요한 부분으로 자리 잡게 되었습니다. 또 여러 종류의 악기를 수용한 것은 성경적 관점에서 교회음악을 바라보게 했습니다. 현실적으로 실용음악 연주자들과 기악 연주자들이 많아진 것도 악기사용이 보편화 된 이유입니다.

이렇게 루터는 회중찬송 부르기, 가사 짓기는 물론이고, 기악음악 사용을 적극 권장했고, 찬양대의 합창음악을 권장했습니다.

시편가만 허용한
존 칼빈 (John Calvin, 1509-1564)

칼빈의 신학은 꽃 이름을 따서 튤립(TULIP)으로 불립니다. 칼빈 신학은 인간의 전적 타락(Total depravity), 절대적 선택(Unconditional election), 제한적 속죄(Limited atonement), 불가항력적 은혜(Irresistible grace), 성도의 견인(Perseverance of the saints)으로 요약됩니다. 칼빈의 예배음악관은 성경말씀과 하나님의 주권에 근거한 것입니다.

예배원리는 규범적 원리와 규제적 원리로 나눌 수 있습니다. 규범적 원리는 성경에서 명하는 모든 요소와 금하지 않는 예배요소가 포함될 수 있다는 것입니다. 즉, 성경에서 금하지 않으면 모든 것이 허용된다는 것입니다. 이와 달리 규제적 원리는 성경에서 명하는 것만 허용하는 것입니다. 칼빈은 규제적 원리를 수용했기에, 성경에 근거하지 않은 어떤 행위도 예배에 허용하지 않았습니다. 예배음악은 성경말씀이 중심이 되어야 하며, 사람의 생각이나 감정이 들어가면 안 된다는 것입니다. 그래서 그는 성경에서 가져온 가사만 찬송가사로 받아들였습니다. 결국 시편과 성경말씀에 근거한 캔티클만 허용한 것입니다.

칼빈은 다윗의 시편만이 하나님을 가장 영화롭게 할 수 있다고 믿고 『스트라스부르크 시편가』(1539)를 발행했습니다. 이렇게 시편과 캔티클만 사용한 것은 규제적 예배관의 결과입니다. 루터가 성경이 금하지 않는 것을 받아들인 반면, 칼빈은 성경이 가르치지 않은 것은 예배에 허용하지 않았습니다. 칼빈은 『제네바 시편가』(1543)의 서문에서 시편 찬송에 대해 다음과 같이 말했습니다.[69]

> 우리는 어떤 노래를 부를 것인가? 우리에게는 하나님께 찬양하며 기도하도록 격려하는 노래가 있어야 한다. 그분이 행하신 일을 생각하게 함으로, 우리로 하여금 하나님을 사랑하고 두려워하고 영광을 돌리게 하는 노래가 있어야 한다. 이것은 어거스틴이 말한 것처럼 하나님께로부터 말미암지 않으면 아무도 하나님을 찬양할 수 없기 때문이다. 우리가 여러 면에서 노래를 찾아보았지만, 성령 자신이 말씀하시고 성령의 감동으로 기록된 다윗의 시편보다 더 합당한 노래를 찾지 못했다. 우리가 시편을 노래할 때는 하나님이 우리의 입에 말씀을 주신다. 우리 안에서 하나님이 자신의 영광을 찬양하는 것이 되기 때문이다.

칼빈은, 악기는 말씀을 표현할 수 없다는 이유로 기악음악을 허용하지 않았습니다. 오르간이 순수한 예배를 방해한다고 생각해 오르간 사용도 금지했습니다. 심지어 오르간을 '마귀의 바람통'이라 부르며, 성상 파괴 운동을 벌이면서 교회에서 오르간을 제거하는 데 앞장섰습니다.

칼빈은 "오직 눈으로 볼 수 있는 것만 그릴 수 있고 조각할 수 있다"고 주장했습니다. 결과적으로 예술품뿐 아니라 찬양대 음악과 합창음악을 거부했는데, 이것도 규제적 예배관에서 온 것입니다. 칼빈은 가르치고 권면하는 데 유용하다고 생각해 역사적 그림을 인정했지만, 하나님과 천사 그리고 과거의 사건 같은 것은 제외했습니다. 예배에서 예술이 잘못 활용되고 있으며, 예배를 파괴하기까지 한다고 우려했던 것입니다.[70]

음악 사용에 매우 제한적인 칼빈이었으나, 회중찬송 부르기에는 적극적이었습니다. 회중찬송 부르기를 권장했으나 시편가에 한정했기 때문에 가사 짓기를 금지했습니다. 물론 악기 사용을 금했기 때문에 반주 없이 회중찬송을 불렀습니다. 또 다성음악, 찬양대 음악, 합창음악의 사용을 거부함으로써 회중찬송을 제창으로만 부르게 했습니다.

사실 칼빈은 성경에서 가져온 시편가와 캔티클만 회중찬송으로 수용했을 뿐 모든 음악의 형태나 악기를 배제했습니다. 그것도 아주 제한적으로 찬송 부르기에만 사용했습니다.

현대 교회는 예배음악에 대한 확고한 신념 없이 무엇이든지 가능하다고 생각하는 잘못에서 벗어나야 합니다. 하나님이 원하시

는 것과 우리가 최선을 다할 수 있는 수단과 방법을 생각해 하나
님을 찬양하는 찬양관이 우리에게 필요합니다.

음악을 완전히 거부한
울리히 츠빙글리(Huldreich Zwingli, 1484-1531)

독일에서 종교개혁의 불을 붙인 루터를
시작으로, 유럽 각 지역에서 개혁의 바람이
일어났습니다. 칼빈보다 25년 먼저 태어난
츠빙글리는 스위스 취리히에서 개혁을 시
작했고, 이어서 칼빈이 제네바를 중심으로
활동을 시작했습니다. 이들 셋은 오직 말씀을 중심으로 개혁의 깃
발을 높이 들어 올린 지도자입니다. 그러나 동시대를 살면서 개혁
이라는 생각은 같았지만 예배에 대해서는 서로 다른 견해를 보이
는데, 특히 찬양에 대해서는 현저한 차이를 보였습니다.

츠빙글리는 오직 성경이 신앙과 생활의 유일한 규칙이요, 그리
스도만이 유일한 중보자임을 주장했습니다. 가톨릭교회의 미사,
여러 가지 교회제도, 연옥에 관한 교리 등을 강하게 비판했습니
다. 예전의 성찬, 성자들의 중보를 요청하는 기도, 의무적인 금식,
성직자의 독신제도, 면죄부 판매 등이 성경에 위배된다고 지적한
것입니다.

츠빙글리가 주장한 예전은 복잡하고 화려한 로마 가톨릭 미사

를 폐지하고, 회중이 쉽게 이해하도록 간결하면서도 단순화시키는 것이었습니다. 초대 교회의 예배 회복을 염두에 둔 것입니다. 그는 예배 예전의 원칙을 단순성으로 보았으며, 인간의 청각과 시각을 자극하는 것이 아닌 간결하며 절제된 예배 형태를 강조했습니다.[71]

츠빙글리는 교회음악을 작곡할 정도로 음악의 기능을 알고 있었지만, 예배에서 회중찬송 부르기와 기악음악을 배제했습니다.[72] 이것은 그 당시 회중이 이해할 수 없는 복잡한 전례음악과 이해하지 못하고 부르는 찬송을 거부한 것입니다. 그는 오르간을 로마 교황 지상주의자들의 악기로 여기고, 취리히 그로스뮌스터 성당 오르간을 제거했습니다. 음악은 사람의 영적인 정신을 흐리게 하고 모두 잃게 할 뿐 아니라, 사람들을 웃기기도 하고 울리기도 하는 요물이라 여긴 것입니다.[73] 다시 말해, 음악의 과도한 사용과 음악적 행위는 말씀이 있어야 할 부분을 가로막는다고 보았습니다.

그뿐 아니라 회중이 이해하기 어려운 라틴어예배 찬송이나 찬양대가 부르는 다성음악을 거부한 것은, 회중이 이해하고 참여하는 예배를 중요하게 여겼기 때문입니다. 또 기도회에서 악기 사용을 금한 것은 말씀에 집중하려고 한 것입니다.[74]

츠빙글리가 주장한 예배는 무엇보다도 성경적이고 영적이며 단순한 예배였습니다. 결국에는 말씀 중심의 예배를 강조함으로써, 기악음악과 찬송 부르기를 폐지하기에 이르렀습니다. 교회음악에 대한 그의 접근은 교회에서 음악 사용을 전면 거부하게 했습니다. 그는 영과 마음으로 찬송하고 기도하는 것이 옳고, 형식적으로 부르는 노래는 의미가 없을 뿐 아니라 심지어 해가 된다고 생각했습니다.[75]

츠빙글리는 "내가 영으로 기도하고 또 마음으로 기도하며 내가 영으로 찬송하고 또 마음으로 찬송하리라"(고전 14:15)는 말씀과 관련해 음악의 위험성을 강하게 주장했습니다. "네가 입으로 시편을 말하려면, 입과 마음이 서로 같이 가는지 주의하라. 기도할 때도 입과 마음은 같이 오래가지 못한다. 그런데 마음과 노래는 더 오래가지 못한다. 아모스도 이것을 비난했다"고 언급하며, 감정이 들어간 자기중심적 찬양을 거부했습니다.[76] 츠빙글리의 영향을 받고 따랐던 교회들은 16세기 말까지도 예배에서 모든 음악을 제외했습니다. 그러나 시간이 흐름에 따라 츠빙글리를 따랐던 교회도 점차 찬송을 받아들이게 되었습니다.

한마디로 츠빙글리는 예배에 음악 사용하는 것을 허용하지 않았습니다. 회중찬송 부르기뿐 아니라 기악음악 사용도 금했습니다. 성악과 기악음악을 모두 사용하지 않은 것입니다.

결론적으로 종교개혁가인 루터와 칼빈 그리고 츠빙글리는 같은 시대를 살았지만, 찬양관에 대한 생각은 전혀 달랐습니다. 루터는 편견 없이 다양한 음악을 적극적으로 수용했고, 칼빈은 회중찬송 부르기만 허용했으며, 츠빙글리는 모든 음악의 사용을 전면 금했습니다.

이 세 개혁가의 찬양관을 보며 21세기를 살고 있는 우리가 배워야 할 것이 있습니다. 그들의 찬양관은 서로 달랐지만, 그들이 최선의 방법을 선택했던 중심은 하나님의 영광을 위한 것이었습니다.

2 찬양을 혁신한 믿음의 선진

영 국 찬 송 가 의 아 비 지
아이작 와츠[77](Isaac Watts, 1674-1748)

와츠는 독일 코랄과 프랑스 시편가의 영
향 아래 있던 찬송의 시각을 단숨에 영국
으로 돌리게 했습니다. 그래서 와츠를 '영국
찬송가의 아버지' 또는 '예배음악의 아버지'
라고 부릅니다. 아버지 에녹 와츠 집사는
아들이 열네 살이 되기 전에 기숙학교에 보내 5개 국어를 배우게
했고, 어머니는 12년 동안 장남인 아이작 와츠에게 시 쓰는 법을
가르쳤습니다.

와츠가 말할 때 운에 맞추어 말하면, 아버지는 장난치는 아들
을 혼내주었습니다. 그럴 때면 와츠는 "아빠 저를 가엽게 여기세

요. 이제 시를 읊지 않을게요!(O father do some pity take, and I will no more verses make!)"라며 계속 운에 맞추어 말할 정도로 뛰어난 재능을 타고났습니다.[78]

와츠는 구원에 대해 칼빈 신학을 따랐지만, 찬송에 대한 생각은 칼빈과 달랐습니다. 하나님께 직접 받은 성경말씀을 그대로 사용해야 한다는 엄격성의 원칙에 반대한 것입니다. 그는 시편을 복음에 알맞게 재해석해 신약의 관점으로 보아야 한다고 믿었습니다. 또 찬송을 시편에만 한정하는 것은 마치 그리스도가 태어나지도 않았고, 죽지도 않았으며, 부활하여 영광 가운데 승천하지도 않은 것처럼 행동하는 것이라고 했습니다. 그는 그리스도인이 부르는 찬송에 신약의 내용이 결여되었다고 생각해, 부족한 부분을 채우기 위해 노력했습니다.[79]

와츠는 찬송가사를 쓰는 것에 대해 이렇게 말했습니다. "나는 진정 교회를 섬기는 종이 되고 싶고, 가장 초라하고 겸손한 그리스도인이 기뻐할 수 있도록 돕고 싶습니다. 나는 과감한 은유를 사용하고 싶지도 않고, 어려운 단어를 쓰고 싶지도 않으며, 이해하지 않고는 부를 수 없는 곡으로 예배자들을 무시하고 싶지도 않습니다."[80]

와츠는 "찬송은 복음적이어야 하며, 노래하는 자의 생각과 느낌을 표현해야 한다"고 주장했습니다. 결국 이런 그의 사상은 시편을 복음적으로 해석하고 표현하게 만들었습니다. 와츠는 시편을 그리스도인의 고백이 되게 하고, 현대 시대에 맞게 표현하는

데 힘썼습니다.

와츠는 수많은 찬송을 지어 예배음악에 영향을 미쳤습니다. 우리가 예배에서 부르는 찬송은 와츠가 보여준 결과라 해도 지나치지 않습니다. 다음은 한국 찬송가에 실린 와츠의 찬송입니다.

> "목소리 높여서"(6장), "큰 영광 중에 계신 주"(20장), "이 날은 주님 정하신"(46장), "예부터 도움 되시고"(71장), "기쁘다 구주 오셨네"(115장), "햇빛을 받는 곳마다"(138장), "웬 말인가 날 위하여"(143장), "주 달려 죽은 십자가"(149장), "만왕의 왕 내 주께서"(151장), "주 사랑하는 자 다 찬송할 때에"(249장), "나는 예수 따라가는"(349장), "십자가 군병되어서"(353장).

와츠의 찬송이야기
못생긴 외모를 가진 목사님의 고백[81] ───

와츠가 살던 17세기에는 교회에서 인도자가 시편 한 줄을 읊으면 회중이 똑같이 따라하는 식으로 찬송했습니다. 어느 주일 예배시간, 그날도 모든 교인이 인도자를 따라서 시편을 읊고 있는데, 18세 와츠는 입을 꽉 다물고 앞만 바라보았습니다. 와츠의 반항적인 모습을 본 아버지는 화가 치밀어 올랐지만 예배 중이라 꾹 참았습니다.

집에 돌아오자마자 아버지는 왜 교회에서 시편을 읊지 않았느냐며 다그쳤습니다. 와츠는 기다렸다는듯, 그 시편에는 음악이 없고 게다가 운(rhyme)도 맞지 않아 읊을 수가 없었다고 대답했습니다. 와츠의 대답에 더 화가 난 아버지는, 시편을 쓴 다윗보다 네가 더 똑똑하다면 어디 한번 찬송을 써보라고 야단쳤습니다. 와츠는 아버지의 말에 자극받고 찬송을 쓰기 시작했습니다. 결국 그는 복음을 주제로 시편을 만들었고, 교인들은 주일마다 와츠의 찬송을 노래하며 넘치는 은혜를 경험했습니다. 와츠의 혁신적인 시편은 영국 찬송가의 시초가 되었습니다.

그 시절 런던에는 마크레인교회라는 대형 교회가 있었습니다. 1702년, 그 교회는 복음의 열정과 세련된 문학적 감각을 지닌 27세의 젊은 와츠를 담임목사로 청빙했습니다. 마크레인교회의 교인들은 젊은 와츠 목사의 은혜로운 메시지에 늘 감동했습니다.

시간이 흘러 와츠는 매주 설교할 수 없을 만큼 허약해졌습니다. 교회는 몸이 괜찮을 때만 강단에 서도록 배려하면서도 와츠가 은퇴하지 않기를 바랐습니다. 그 정도로 복음을 잘 전했던 것입니다.

와츠는 키가 150센티미터밖에 되지 않았습니다. 게다가 가발을 쓴 커다란 머리통과 매부리코 때문에 험악해 보였습니다. 그래서 그를 모르는 사람들은 겉모습만 보고 무시하기 일쑤였습니다. 한 여인에게 사랑을 고백했다가 단번에 거절당하기도 했습니다. 그러나 와츠 목사는 사람들의 그런 태도에 낙심하지 않았습니다.

어느 날 와츠는 끓어오르는 죄성을 어쩌하지 못하는 자신을 보고, 자기가 벌레만도 못한 존재임을 뼈저리게 느꼈습니다. 그리고 죄 덩어리인 우리를 구하려고 십자가에 못 박히신 예수님을 생각하며 한없이 눈물을 쏟았습니다. 그는 보혈로 얼룩진 주님을 생각하며 글을 쓰기 시작했습니다. 이것이 "웬 말인가 날 위하여" (143장)입니다.

웬 말인가 날 위하여
주 돌아가셨나.
이 벌레 같은 날 위해
큰 해 받으셨나.

늘 울어도 눈물로써
못 갚을 줄 알아,
몸밖에 드릴 것 없어
이 몸 바칩니다.

이 찬송은 우리를 벌레 같은 죄인이라 일컫습니다. 그리고 죄의 추악함을 깨닫고 하나님 앞에 철저히 회개할 것을 요구합니다. 우리는 용서받을 자격이 전혀 없는 존재입니다. 그러나 보혈의 공로를 힘입어 새로운 존재로 다시 태어날 수 있습니다. 종교개혁자 마르틴 루터는 이렇게 말했습니다.

빨래를 짜보아라. 물이 나올 것이다.

성경을 짜보아라. 피가 나올 것이다.

구약을 짜면 제물의 피가 나오고,

신약을 짜면 예수님의 피가 나올 것이다.

성경에서 피를 보지 못하면 영적 장님이다.

와츠가 지은 보혈의 찬송은 십자가 사랑을 일깨워 많은 사람을 주님께 돌아오게 했습니다. "나의 갈 길 다 가도록" 등 주옥같은 찬송을 많이 지은 크로스비는 자서전에서 이렇게 회고합니다.

집 근처 감리교회에서 부흥집회가 열렸어요. 나는 친구와 함께 저녁마다 참석해 평안을 구했어요. 그러나 아무리 구하고 구해도 내가 간절히 갈망하는 평화는 찾아오지 않았어요. 며칠 후, 나는 기도를 마치고 와츠 목사님이 지은 찬송을 부르고 있었어요. "늘 울어도 눈물로써 못 갚을 줄 알아 몸밖에 드릴 것 없어 이 몸 바칩니다." 나는 5절을 계속 부르며 제단 앞으로 걸어나가 "몸밖에 드릴 것 없어 이 몸 바칩니다"라며 고백했어요. 그때 내 영혼은 하늘의 거룩한 빛으로 충만해졌죠. 나는 펄펄 뛰면서 할렐루야를 외치며 주님을 찬양했어요.[82]

영 국 부 흥 운 동 의 리 더
존 웨슬리와 찰스 웨슬리
(John Wesley, 1703-1791 | Charles Wesley, 1707-1778) [83]

웨슬리의 어머니 수잔나 웨슬리는 자녀를 열아홉 명이나 낳았습니다. 그중 아홉 명을 아주 어릴 때 잃었고, 살아남은 열 자녀 3남 7녀를 바르게 교육하려고 애썼습니다. 아침에 일어나는 것부터 잠자리에 드는 것까지 철저한 계획에 따라 규칙적으로 생활하게 했습니다.

처음 말을 가르칠 때는 주기도문을 따라 하게 했고, 아이가 다섯 살이 되는 생일부터는 알파벳을 가르치기 시작해, 처음으로 읽은 문장이 창세기 1장 1절이었습니다. 어머니 수잔나는 하나님의 사랑과 은혜를 말씀으로 자녀들 마음속에 깊이 새겨주었습니다. 천지를 지으신 창조주를 먼저 알게 하는 하나님 중심의 가정교육이었습니다.

이렇게 자라났지만 그들에게는 하나님을 향한 뜨거운 믿음이 없었습니다. 그러다 그들이 자신을 돌아보게 되는 사건이 1736년 1월에 발생했습니다. 어느 날 존 웨슬리와 동생 찰스 웨슬리를 태운 여객선이 영국을 떠나 신대륙의 조지아와 사우스캐롤라이나 사이를 흐르는 사바나 강으로 향하고 있었습니다. 배에는 신대륙에 정착한 이주민을 도우러 가는 웨슬리 형제와 독일 모라비아 교도 26명이 타고 있었습니다. 모라비아 교인들은 박해에서 벗어나 자유롭게 예배할 수 있는 아메리카 대륙을 찾아가고 있었습니다.

그런데 갑자기 폭풍이 휘몰아쳤습니다. 거센 바람은 순식간에 돛대를 두 동강 냈고, 바닷물은 갑판을 거칠게 두들겨댔습니다. 선실의 승객들은 비명을 지르며 이리저리 뛰어다녔습니다. 죽음의 공포가 모든 승객을 사로잡았지만, 모라비아 교도들은 그 와중에도 흐트러짐 없이 갑판 위에서 찬송을 불렀습니다.

그들의 평온함에 홀린 웨슬리 형제는 난간을 꼭 붙든 채 그들을 바라보았습니다. 폭풍우가 멈추자 웨슬리가 그들에게 다가가 물었습니다. "조금 전 세차게 몰아친 폭풍이 무섭지 않았습니까?" 그러자 한 모라비아 교인이 별일 없었다는 듯 "하나님이 함께하시잖아요."라고 대답했습니다.

선상의 경험은 웨슬리 형제의 삶을 완전히 바꾸어 놓았고, 나중에 그들이 하나님을 뜨겁게 경험하는 계기가 되었습니다. 그 후 웨슬리 형제는 감리교를 창시해 영국에서 영적 부흥운동을 일으켰습니다.

웨슬리 형제가 시작한 영적 각성운동은 영국 전역으로 퍼져나갔습니다. 존 웨슬리와 찰스 웨슬리는 하나님의 구원과 용서는 예정된 사람들에게만 주어지는 것이 아니라, 예수 그리스도를 믿음으로 받아들이는 모든 사람이 얻을 수 있는 것이라고 주장했습니다. 칼빈주의자가 인간의 자유의지를 부정하는 데 반해, 웨슬리는 인간의 자유의지를 강조했습니다. 그래서 웨슬리는 모든 인간이 구원의 대상이라는 구원의 보편성을 주장하는 알미니안주의를 따랐습니다.

찰스 웨슬리가 지은 가사에는 그의 신학이 잘 묻어납니다. 개인적인 구원의 기쁨과 그리스도의 은혜에 대한 감사의 노래가 주를 이룹니다. 웨슬리 형제는 광산과 학교, 거리, 목장을 가리지 않고 복음을 전하며 찬송을 불렀습니다. 찬송을 통해 복음을 증거한 것입니다.

하나님의 은혜에 이끌린 찰스 웨슬리는 모두 8,989편의 종교시를 지었습니다. 그중 6,500여 편이 찬송입니다. 하루에 한 편씩 써도 25년 동안 쉬지 않고 써야 하는 분량입니다. 형 존 웨슬리는 찬송가책을 편집하여 "찬송 부르기 7가지 조언"을 남겼고, 동생 찰스 웨슬리는 주옥같은 많은 찬송을 남겼습니다.

찰 스 웨 슬 리 의   찬 송 이 야 기
온화한 미소를 지은 사형수 84 ───

찰스 웨슬리는 끊임없이 하나님을 찬양한 사람입니다. 찰스 웨슬리가 그리스도인이 된 지 두 달 되었을 때인 1738년 7월, 친구 브레이와 함께 일주일 동안 날마다 뉴게이트 교도소를 방문했습니다. 그들은 거기서 강도, 살인, 강간 등 끔찍한 죄를 짓고 들어온 수감자들을 만났습니다. 그중 여러 명은 이미 사형선고를 받은 상태였습니다.

사형집행 바로 전날, 찰스 웨슬리는 사형수들과 함께 마지막 밤을 보내기 위해 교도소로 향했습니다. 한 사형수가 "왜 왔소?"라며 퉁명스럽게 물었습니다. "영원한 생명을 드리러 왔습니다." 웨슬리가 대답했습니다. "어쩌라고?" 사형수가 비웃으며 대꾸하자, 그는 차분히 복음을 전했습니다. "형제님, 지금도 늦지 않았습니다. 오늘 예수님을 믿고 영접하세요. 그러면 죽음 후에 예수님과 함께 낙원에 거할 것입니다."

날이 채 밝기도 전에 사형수들은 사형집행 장소로 이송되었습니다. 찰스 웨슬리도 그들을 따라 사형장으로 향했습니다. 교수형 집행시간이 점점 다가왔고, 마침내 사형수들이 교수대 위로 올라갔습니다. 웨슬리가 밤새 수고한 열매는 정말 대단했습니다. 웨슬리는 당시 상황을 이렇게 묘사했습니다.[85]

사형수들은 모두 기쁨에 찬 모습이었습니다. 그들의 얼굴에는 위로와 평안 그리고 승리의 기쁨이 가득 차 있었습니다. 사형수들은, 예수님이 그들을 위해 십자가에 달려 돌아가셨으며, 그들을 천국으로 인도하기 위해 기다리신다는 확신을 가졌습니다. 한 흑인 사형수는 내게 얼굴 표정으로 작별인사를 했습니다. 그와 눈이 마주칠 때마다 그는 침착하고 온화한 미소를 지어 보였습니다. 마침내 교수형이 집행되었습니다. 그러나 어느 누구도 살려고 발버둥치거나 고통스러워하지 않았습니다.

그들은 담담하게 죽음을 맞이했습니다. 나는 그들이 하나님나라에 갔음을 확신하며 평안한 마음으로 돌아왔습니다. 내가 교수대 밑에 있던 그 시간은 내 생애 가장 복된 시간이었습니다.

몇 년 후 웨슬리는 사형수 형제들이 죽음을 맞이하던 모습을 문득 생각했습니다. 그 순간 웨슬리는 하나님의 은혜 없이는 아무것도 할 수 없음을 고백하며 무릎을 꿇었습니다. "주님, 우리는 모두 죽을 수밖에 없는 끔찍한 죄인입니다. 영원히 지옥에 있어야 할 죄인입니다. 우리는 모두 서로 미워한 살인자입니다. 그러나 아무리 사형수일지라도 주님께 나아가면 받아주실 것을 믿습니다. 하나님의 은혜와 사랑이 우리의 모든 죄보다 크기 때문입니다." 이렇게 기도하고 웨슬리는 곧바로 찬송을 짓기 시작했습니다. 이 찬송이 바로 "천부여 의지 없어서"(280장)입니다.

아버지여, 내가 당신께 손을 뻗나이다.
Father, I stretch my hands to Thee,

나는 다른 도움은 모르나이다.
No other help I know;

만약 당신이 저에게서 멀어지시면
If Thou withdraw Thyself from me,

아! 나는 어디로 가야 하오리까?
Ah! whither shall I go?

나는 믿습니다. 나는 믿습니다.
I do believe, I do believe

예수님 날 위해 돌아가신 것과
That Jesus died for me;

주의 보혈, 주의 귀한 보혈로서
And through His blood, His precious blood,

내가 죄에서 자유를 얻는 것을. (찬송 원문)
I shall from sin be free.

우리가 의지할 이는 오직 주님뿐입니다. 영원히 죽을 죄인을 구원해 주신 주님의 사랑은 헤아릴 수 없습니다. 죄에서 벗어날 능력은 오직 주님에게서 옵니다. 하나님의 은혜가 우리 인류의 모든 죄보다 크기 때문입니다. 우리는 언제나 "내 죄를 씻기 위하여 피 흘려주시니 곧 회개하는 맘으로 주 앞에 옵니다"라고 부르짖으며 주님을 의지할 수밖에 없습니다.

이 찬송의 멜로디는 스코틀랜드의 구전 민요인 "올드 랭 사인"(AULD LANG SYNE)에서 가져왔습니다. "올드 랭 사인"은 옛 스코틀랜드 말로 "… 이래로 오래 되었습니다"(Old Long Since)라는 뜻입니다.

지구촌 곳곳에서 사람들은 묵은해를 보낼 때나 작별할 때 이 노래를 부릅니다. 그리고 "오랫동안 사귀었던 정든 내 친구여, 작별이란 웬 말인가 가야만 하는가"라는 가사를 붙여 졸업식 노래로 부르기도 합니다. 그러나 이 멜로디에 붙은 수많은 가사 가운데 가장 위대한 작품은, 주님만을 의지한다고 고백하는 "천부여 의지 없어서"입니다.

무엇보다 영적으로 부르십시오[86]

예배음악의 꽃은 회중찬송입니다. 모두 가장 능동적으로 참여하는 예배순서이기 때문입니다. 앞에서도 말했듯 라우틀리(Erik Routley)는 "교회음악은 잘 창작되고, 잘 선택되고, 잘 불려야 한다"고 주장했습니다. 그 후 20여 년이 지나, 그는 이 세 가지를 다시 언급하며 어느 것보다도 찬송 부르기의 중요성을 강조했습니다. 교회음악은 잘 창작되어야 하는데, 잘 선택되는 것은 창작보다 열 배나 중요하며, 잘 불리는 것은 잘 선택되는 것보다 백배나 더 중요하다는 것입니다.[87]

이처럼 어떤 찬양이든지 불리기까지는 1단계 창작 과정, 2단계 선곡 과정, 3단계 연주 과정을 거치게 됩니다. 1-2단계는 마지막 단계인 3단계를 위해 존재합니다. 아무리 좋은 곡이 있더라도 선택되지 않으면 소용이 없고, 좋은 곡을 선택했더라도 잘 부르지 못하면 소용없는 일입니다.

웨슬리는 1761년 133곡이 수록된 찬송가책(Select Hymn, 1761)을 만들면서 찬송 부르기에 대한 지침을 첨부했습니다.[88] 찬송가책 맨 마지막 부분에 편집하여 후기처럼 쓰인 이 지침은, 그 당시 찬송에 대해 잘 모르는 성도를 위한 가르침이었습니다. 모두 강한 어조로 권면하는 일곱 가지 지침은 찬송가책의 활용, 찬송하는 자세와 마음가짐, 음악적 교훈 그리고 영적 교훈으로 구성되었습니다. 구체적으로 권면하는 이 교훈은 지금도 그리스도인이 마음에 새겨야 할 내용입니다.

1. 다른 노래를 배우기 전에 이 찬송가의 곡조를 배우십시오.

그리스도인은 영원히 변하지 않는 하나님의 말씀인 성경책과 하나님께 영광을 돌리는 찬송가책을 가지고 다닙니다. 그런데 그 소중한 책을 얼마나 알고 있습니까? 찬송가책을 얼마나 사용하고 있습니까?

한국 교회가 사용하고 있는 『21세기 찬송가』는 아직도 개선해야 할 점이 있지만, 이 찬송가를 펼쳐보면 주옥같은 찬송들이 쏟아져 나옵니다. 시대적으로 볼 때 찬송이 점점 사라지고 있는 것이 현실입니다. 젊은이들은 찬송 부르기를 외면하고, 예배시간에는 찬송 가사를 자막으로 띄우기 때문에 찬송가책을 가지고 다닐 일이 없어지고 있습니다. 다른 노래를 찾으려고 눈을 돌리기 전에, 수 세기 동안 혹독한 검증을 거친 찬송가로 믿음을 고백해 보십시오.

당신이 교회에서 음악으로 섬기는 교회음악인(지휘자, 찬양인도자, 찬양대원, 찬양단원 등)이라면 새로운 찬송곡을 소개하는 데 앞장서야 합니다. 찬양교실을 운영하여 새로운 노래를 가르치는 것도 좋은 방법입니다. 또 찬양예배, 오후예배, 수요예배, 금요예배 전에 교회 사정에 따라 시간을 정해 놓고 새로운 찬송을 배우는 것도 유익할 것입니다.

2. 변경하거나 수정하지 말고, 악보에 있는 대로 정확하게 노래하십시오.

설교 부탁을 받고 어느 교회에서 예배를 인도할 때였습니다. 목사님이 찬송을 얼마나 힘 있게 인도하는지 힘이 절로 났습니다. 설교가 끝난 후 두 번째 찬송인 "이것이 나의 간증이요"를 부르기 전까지는 아주 좋았습니다. 목사님은 이 찬송도 힘차게 군가처럼 불렀습니다.

교제 시간에 목사님의 스타카토 창법을 지적했더니 "제가 해병대 출신입니다."라고 대답해서 당황했던 적이 있습니다. 찬송을 부를 때 습관적으로 부르면 분위기를 망칠 수 있습니다. 다양한 사람들로 구성된 회중이 부르는 찬양은 악보대로 불러야 합니다.

찬송가 끝의 '아멘' 부분을 꼭 불러야 합니까? 역사적으로 살펴보면, 찬송에 아멘을 붙이는 것은 시대에 따라 달랐습니다. 여러 이유로 아멘을 붙인 적이 있으며, 생략한 경우도 있습니다. 아멘을 붙이게 된 한 가지 예를 들면, 2세기경부터 부르기 시작해 4세기 아리우스 이단파와 논쟁 후에 확정한 송영가사 "성부와 성자와 성령께 영광돌리세. 태초로 지금까지 또 영원토록. 아멘."을 교육적 효과를 위해 모든 시편과 찬송 끝에 첨부하여 불렀던 경우를 들 수 있습니다.[89] 즉, 자연스럽게 모든 찬송에 '아멘'을 붙인 것입니다.

현재 우리가 사용하는 찬송에는 아멘이 있는 것과 없는 것이 있습니다. 어떤 사람은 아멘을 붙이는 기준을 정해 놓고 아멘을 넣거나 생략하기도 합니다. 이로 인해 공중예배에서 하나가 되지 못하는 경우를 이따금 봅니다.

그렇다면 우리는 어떻게 해야 할까요? 웨슬리가 오래 전에 말한 "변경하거나 수정하지 말고, 악보에 있는 대로 정확하게 노래하라"는 조언을 따르면 됩니다. 음표뿐 아니라 가사 또는 아멘을 붙이는 것도 마찬가지입니다. 아멘이 있으면 진정한 마음을 모아 '아멘'으로 응답해야 합니다. 만약 아멘이 없다면 구태여 넣어 부르지 마십시오. 사실 모든 찬송을 부를 때마다 아멘이 있든지 없든지, 그리스도인은 소리가 아니라 심령으로 '아멘'을 고백해야 합니다.

3. 다 함께 노래하십시오.

키르케고르는 그의 저서 『마음의 정결이란 오직 하나만 바라는 것』에서 "하나님은 예배자들이 어떻게 말하고 듣는지 살피는 유일한 비평적인 청중이시다…."라고 말합니다. 그는 예배를 연극에 비유하면서, 예배드릴 때 예배인도자인 목회자나 찬양대원이 주인공이 아니라, 예배에 참여한 모든 사람이 주인공이 되어야 한다고 주장했습니다.[90] 하나님을 위해 배우가 되어야 한다는 것입니다. 이것은 예배에서 맡은 역할이 다를 뿐 예배자 전체가 하나님을 섬기는 것을 의미합니다. 예배인도자는 언어, 음악, 행위로 예배를 인도하고, 회중은 주로 들음으로써 참여합니다. 인도자를 포함한 예배자는 모두 맡은 역할이 다를 뿐 능동적으로 예배에 참여해야 합니다.

특히 글자 그대로 회중찬송은 모두 능동적으로 참여하는 순서입니다. 수동적인 역할을 하는 다른 순서와 다르게, 회중찬송은 실제로 부르고 듣고 호흡하며 행동하는 능동적인 참여가 요구됩니다. 다시 말해, 찬양하기 위해 일어서고, 입을 벌리고, 호흡하고, 소리를 내는 것은 어떤 예배순서보다도 예배자가 능동적으로 예배에 참여하게 합니다. 예배의 본질은 인간이 하나님께 드리는 것이기에, 모든 순서에서 하나님 외에 청중이 있을 수 없습니다. 그러므로 누구도 방관자가 되어서는 안 됩니다.[91]

그러나 이따금 찬양할 때 적극적으로 참여하지 않고 방관하는 사람들이 있습니다. 회중이 함께 찬양하는 것은 듣는 순서가 아니라 부르는 순서입니다. 찬양은 재능이나 취향에 따르는 것이 아닙니다. 모두 기쁨으로 참여해야 합니다.

4. 열정적이고 힘차게 노래하십시오.

찬양은 움츠리는 것이 아니라 표현하는 것입니다. 수동적이 아니라 능동적인 것이 찬양의 속성입니다. 구약성경에서 찬양에 관계된 히브리어는 '칭찬하다, 자랑하다, 축하하다, 찬양하다, 경배하다, 두 손을 높이 치켜올리다, 하나님께 감사하다, 무릎을 꿇다, 외치다, 송축하다, 경의를 표하다'라는 뜻을 가지고 있습니다. 또 신약성경의 찬송에 대한 헬라어에는 '찬양하다, 찬미하다, 찬송하다, 영광을 돌리다, 영화롭게 하다, 고백하다, 감사하다, 시인하다, 노래하다'라는 의미가 있습니다.[92]

찬양, 찬송, 찬미로 쓰인 원어를 살펴보면, '할랄'(halal)은 '칭찬하다, 자랑하다, 축하하다, 자신이 어리석게 보일 정도까지 자랑하다, 바보스러울 정도로 시끄럽게 하다'라는 뜻을 가지고 있습니다. 한마디로 너무 자랑하고 싶어서 미칠 지경까지 이르러 밖으로 드러내는 것입니다. '야다'(yada)는 '두 손을 높이 들고 감사함으로 경배하다, 두 손을 높이 치켜들다'라는 뜻입니다. 손을 높이 들고 하나님께 감사하며 경배하는 것을 말합니다. 이외에도 찬양의 어원을 이루는 단어는 하나같이 적극적인 참여와 행동을 요구합니다.

5. 겸손한 자세로 노래하십시오.

사람마다 목소리의 색깔과 모양이 모두 다릅니다. 일반적으로 소리의 음역을 소프라노, 알토, 테너, 베이스로 나누지만 같은 파트라도 서로 다릅니다. 이처럼 소리의 셈여림뿐 아니라 음역도 사람마다 다릅니다. 그러므로 찬양할 때는 조화를 이루도록 들으면서 노래해야 합니다.

이따금 소리의 균형을 깨는 사람이 있습니다. 공중예배에서 타인을 생각하지 않고 지나칠 정도로 크게 부르는 사람이 있는가 하면, 화음을 이루지 못해 하모니를 망가뜨리는 경우도 있습니다. 함께 찬양할 때는 독창이 아니므로 다른 사람과 조화를 이루어야 합니다. 다시 말해, 적당한 크기로 노래를 불러야 합니다. 이것은 겸손한 자세로 노래하는 것을 의미합니다.

찬양할 때 옆 사람도 듣지 못할 정도로 소심하게 부르지 말고, 그렇다고 너무 크게 불러 타인의 찬양소리를 빼앗지도 말아야 합니다. "당신 곁에서 두세 사람 건너에 있는 사람이 들을 수 있도록 적당한 크기로 노래하라"는 존 번연의 오래된 충고가 찬양하는 데 필요합니다.

6. 빠르기에 맞추어 노래하십시오.

음악의 중요한 3요소는 멜로디, 리듬, 화성입니다. 음악을 표현하는 데 쉽게 영향을 주는 것은 리듬과 관련 있는 빠르기입니다. 사실 같은 음악이라도 연주하는 템포에 따라 분위기가 달라집니다. 일반적으로 빠른 템포의 찬양은 힘이 있고, 느리게 부르는 찬양은 부드럽습니다. 그러므로 행진곡 풍의 "마귀들과 싸울지라"(348장)를 부를 때는 빠른 템포로 힘차게 불러야 합니다. 반면, 예수님의 고난을 나타낸 "갈보리산 위에"(150장)는 조금 느리게 불러야 좋은 표현을 할 수 있습니다.

이처럼 가사와 곡조에 따라 빠르기에 맞추어 노래해야 합니다. 찬송을 지나치게 느리게 부르거나 빠르게 부르면 안 됩니다. 대부분의 경우 느리게 부르는 것이 문제가 되므로 원래의 템포를 잃지 말아야 합니다. 3-4절로 갈수록 점점 더 느려지기 때문입니다. 특히 8분음표로 구성된 3/8, 6/8, 9/8, 12/8 박자의 찬송일 경우에 주의해야 합니다.

예를 들어 "고요한 밤 거룩한 밤"(109장)은 보통 빠르기로 불러야 하는데 느려질 때가 많습니다. 이때 6박자로 세지 말고 2박자로 세어보십시오. 다시 말해, 8분음표(♪)를 한 단위로 세지 말고, 점4분음표(♩.)를 한 단위로 하면 도움이 됩니다. 점4분음표(8분음표 세 개)를 단위로 하여 조금 느리게 2박자 단위로 세면서, "갈보리산 위에"(150장)와 "고요한 밤 거룩한 밤"(109장)을 노래해 보십시오. 느려지지 않으면서도 여유 있게 노래할 수 있습니다.

7. 무엇보다도 영적으로 노래하십시오.

앞에서 언급한 1-6번의 조언은 노래하는 자세와 음악에 관한 것입니다. 그런데 웨슬리는 가장 강조하고 싶은 말을 아껴두었다가 마지막에 호소합니다. 무엇보다도 영적으로 부를 것을 강조하고 있습니다. 이것은 바울의 권면과 같습니다. 바울은 "내가 영으로 기도하고 또 마음으로 기도하며 내가 영으로 찬송하고 또 마음으로 찬송하리라"(고전 14:15)고 말합니다. 영과 마음으로 노래할 때 하나님을 영화롭게 하고 사람의 마음을 움직일 수 있습니다. 하나님과 이웃뿐 아니라 노래하는 자신이 감동하게 됩니다.

찬양은 설교를 돕거나 자기만족을 위한 것이 아닙니다. 찬양의 목적은 오직 하나님을 기쁘시게 하는 것이기에 무엇보다도 영적으로 노래해야 합니다. 찬양하는 것은 음악활동이 아니라 영적 활동이기 때문입니다.

웨슬리의 찬송 부르기에 대한 지침은 멀티미디어와 음악이 넘쳐나는 현대 교회에 주는 의미가 큽니다. 우리는 소리가 아니라 영적인 찬양에 관심을 두어야 합니다. 성령으로 충만하여 찬양하고, 하나님의 말씀이 충만함으로 찬양해야 합니다. 이것이 예배자 중심이 아닌 하나님 중심의 찬양입니다.

가 장 많 은 찬 송 을 쓴 맹 인 작 가
패니 크로스비(Fanny Jane Crosby, 1820-1915)[93]

갓난아이 때 완전히 실명한 패니 크로스비는 어릴 적부터 글 쓰는 데 재능을 보였습니다. 여덟 살 때 이미 "오, 난 얼마나 행복한 아이인가!"라는 시를 통해, 세상을 볼 수는 없지만 마음의 눈으로 하늘의 소망을 노래했습니다. 24세 때는 시집『눈먼 소녀와 시』(1844)를 출간했습니다. 크로스비는 뉴욕 맹아학교를 졸업한 후 모교에서 학생들을 가르치며 음악가 등 다양한 친구를 사귀었습니다. 어느 날 교장이 자신의 비서가 크로스비가 읊는 시를 받아 적는 모습을 보고 근무시간을 낭비한다고 나무랐지만, 그들은 시 쓰기를 멈추지 않았습니다. 나중에 대통령 스테판 클리블랜드(Stephen Cleveland)까지도 그녀를 백악관으로 초대해 시를 받아 적었습니다.

글재주가 뛰어난 크로스비는 44세까지 다양한 주제로 세속시를 썼습니다. 그러나 찬송 작곡가 윌리엄 브래드버리를 만나면서 크로스비의 삶은 완전히 바뀌었습니다. 예배를 위한 찬송을 쓰는데 재능을 사용하면 하나님이 기뻐하실 거라는 권유가 하늘의 음성으로 들려온 것입니다.

그날 이후 크로스비는 단 한 편의 세속시도 쓰지 않았습니다. 수많은 작곡가들이 크로스비의 가사에 곡을 붙였는데, 브래드버리에게만 2,500여 편의 찬송시를 건네주었습니다. 크로스비가 지은 찬송은 8천여 편에 달합니다. 우리나라 찬송가에도 크로스비가 지은 찬송이 무려 21곡이나 실렸습니다.

세상적 눈으로 보면 크로스비만큼 불행한 사람도 없을 것입니다. 그러나 불행으로 가득한 삶의 여정 중에도, 자신은 사랑받기 위해 태어난 사람이라고 늘 생각하며 일생동안 주님만 찬양했습니다. 다음은 크로스비가 지은 찬송입니다.

"찬양하라 복되신 구세주 예수"(31장), "찬송으로 보답할 수 없는"(40장), "주 어느 때 다시 오실는지"(176장), "주가 맡긴 모든 역사"(240장), "너희 죄 흉악하나"(255장), "인애하신 구세주여"(279장), "예수를 나의 구주 삼고"(288장), "기도하는 이 시간"(361장), "나의 생명 되신 주"(380장), "나의 갈 길 다 가도록"(384

장), "오 놀라운 구세주"(391장), "주 예수 넓은 품에"(417장), "나의 영원하신 기업"(435장), "십자가로 가까이"(439장), "주와 같이 되기를"(454장), "저 죽어가는 자 다 구원하고"(498장), "자비한 주께서 부르시네"(531장), "주께로 한 걸음씩"(532장), "주의 음성을 내가 들으니"(540장), "후일에 생명 그칠 때"(608장), "그 큰 일을 행하신"(615장) 등

패 니 크 로 스 비 의 찬 송 이 야 기

5달러가 필요해요[94] ───────

패니 크로스비는 생후 6주쯤 되었을 때 감기에 걸렸습니다. 의사는 감기 때문에 부어오른 눈을 눈병으로 착각해, 매운 겨자로 만든 연고를 처방해 주었습니다. 그 일로 크로스비는 시력을 완전히 잃고 평생을 어둠 속에서 살았습니다.

그러나 크로스비가 예수님을 영접했을 때 그의 삶은 전혀 다른 인생으로 바뀌었습니다. 비록 눈앞은 캄캄했으나, 영혼의 빛 되신 주님과 동행하며 살게 된 것입니다. 크로스비는 95세까지 살면서, 영혼의 눈으로 8천여 편의 찬송시를 쓰며 하나님을 기뻐하는 복된 삶을 살았습니다.

크로스비에게는 남다른 습관이 있었습니다. 어디를 가든지 성경책과 미국 국기를 가지고 다녔습니다. 그리고 누구를 만나든 항상 "당신의 영혼을 축복해요."라고 축복의 인사말을 건넸습니다. 또 무엇을 하든지 무릎 꿇고 기도한 후 일을 시작했습니다. 하나

님 없이는 아무것도 할 수 없다는 확고한 믿음 때문이었습니다.

한번은 크로스비가 작곡가 윌리엄 도언(William Doane)이 보낸 음악에 맞추어 시를 지으려 고심하고 있었습니다. 그런데 영감이 떠오르지 않았습니다. 왠지 느낌이 좋지 않다고 생각하고 있는데 "네가 기도하였느냐?"라는 음성이 들렸습니다. 크로스비는 즉시 무릎 꿇고 기도했습니다. 그러다 갑자기 일어섰습니다. 그러고는 옆에 있던 속기사가 받아 적기 어려울 만큼 빠르게 시를 읊기 시작했습니다. 이처럼 그녀가 지은 찬송은 하나같이 기도 후에 주신 하나님의 응답이었습니다.

54세가 된 어느 날 크로스비는 하나님께 돈을 달라고 기도했습니다. 급히 5달러가 필요했는데 당장 구할 길이 없었습니다. 크로스비는 지금까지 해왔듯 하나님 앞에 무릎을 꿇었습니다. 기도를 마치고 일어나 방안을 서성거리며 찬송을 쓰려고 하는데 초인종이 울렸습니다. 크로스비는 "당신의 영혼을 축복해요."라고 인사하며 찾아온 사람을 맞이했습니다. 자신을 그녀의 팬이라고 소개한 낯선 방문자와 잠시 대화를 나눈 후 헤어지면서 악수를 했는데, 그 낯선 사람이 크로스비의 손에 뭔가를 쥐어주었습니다. 정확히 5달러였습니다. 한 치의 오차도 없이 채워주시는 주님의 섬세한 손길이 느껴지는 순간, 크로스비는 영감이 떠올라 찬송을 읊조렸습니다. 이것이 바로 "나의 갈 길 다 가도록"(384장)입니다.

"나의 갈 길 다가도록 예수 인도하시니 내 주 안에 있는 긍휼 어찌 의심하리요. 믿음으로 사는 자는 하늘 위로 받겠네. 무슨 일을 만나든지 만사형통하리라. 무슨 일을 만나든지 만사형통하리라." 원문 직역은 다음과 같습니다.

구주께서 나의 모든 길을 인도하시니
이밖에 무엇을 더 원하리.
그분께서 내 삶의 인도자 되시니
나 어찌 주님의 부드러운 은혜를 의심하리.
하늘의 평화와 신령한 위로가
주님 안에 믿음으로 이곳에 거하네.
무슨 일을 만나도 내가 아는 것은
예수님이 모든 것을 형통하게 하시네. (영문 직역)

중국 지하 교회의 영적 아버지로 불리는 왕명도(1900-1991) 목사는 18세 때 이름 모를 병으로 사경을 헤맨 적이 있습니다. 그는 하나님께서 살려주시면 일생을 바쳐 헌신하겠다고 서원했습니다. 그러고는 하나님의 은혜로 기적같이 병 고침을 받았습니다.

1949년 중국이 공산화 되자 중국 교회에 핍박이 닥쳐왔습니다. 중국 전역을 다니며 복음을 전하던 그는 공산당에 체포되어 모진 고문을 당하다 예수님을 모른다고 진술함으로써 풀려났습니다. 그러나 거짓 고백에 대한 양심의 가책으로 괴로운 나날을 보냈습니다. 55세의 왕명도 목사는 끝내 목에 팻말을 걸고 북경 정부청사 앞에서 눈물로 외쳤습니다. "저는 배반자 베드로와 같은 사람입니다. 예수님을 배신했습니다!" 그는 즉시 공산당원에 체포되어 19년간 옥살이를 했습니다. 모진 고문을 당할 때면 십자가를 생각하며 참아냈습니다. 19년이라는 세월은 느리게 흘러갔고, 정부는 75세의 고령이 된 그를 감옥에서 죽지 않도록 풀어주었습니다. 왕명도 목사가 풀려났다는 소식을 들은 지하 교회 교인들은 기뻐하며 하나님께 감사드렸습니다.

그가 출감할 때 인도 출신 전도자이자 변증학자인 래비 재커라이어스(Ravi Zacharias)가 지독한 고난을 어떻게 이겨냈는지 물었습니다. 늙고 지친 왕명도 목사는 눈물이 가득 고인 채 찬송으로 답을 대신했습니다. "나의 갈길 다가도록 예수 인도하시니, 내 주 안에 있는 긍휼 어찌 의심하리요. 믿음으로 사는 자는 하늘 위로 받겠네. 무슨 일을 만나든지 만사형통하리라." 그러고는 고백했습니다. "저는 감옥에서 이 찬송을 한시도 잊지 않았습니다. 비록 감옥에 갇혀 있었지만, 주님이 인도하셔서 저는 늘 행복했습니다."

찬양대원의 다짐

하나님이
이스라엘 열두 지파 가운데
레위 지파를 택하여 찬양을 담당하게 하셨듯
저를 구원하시고 음악의 재능을 주신 데
감사드리며

저는
최선의 찬양을 최고의 하나님께
드릴 것을 다짐합니다.

---

1 하나님께서 찬양의 직분을 주신 것을 믿고 최선을 다하겠습니다.
2 신앙의 성숙을 위해 항상 기도하고 찬양하며 말씀을 묵상하겠습니다.
3 음악의 발전을 위해 꾸준히 노력하여 음악적 자질을 계발하겠습니다.
4 찬양의 사명자로서 신앙과 음악이 조화를 이루도록 노력하겠습니다.
5 예배인도자로서 모든 예배에서 항상 회중의 모범이 되겠습니다.
6 찬양 연습에 결석하지 않으며 모든 활동에 열심히 참여하겠습니다.
7 대원간의 아름다운 교제에 힘쓰며 서로 존중하겠습니다.
8 찬양으로 교회를 섬기며 복음전파를 위해 항상 헌신하겠습니다.
9 하나님의 말씀에 순종하는 자녀로서 모든 삶에서 승리하겠습니다.
10 호흡이 있는 날까지 여호와를 찬양하겠습니다. 할렐루야!

년   월   일

이름 _____

미주

1 김남수, 『예배와 음악』(대전: 침례신학대학교 출판부, 2013), p.324.

2 존 파이퍼, 『하나님을 기뻐하라』, 박대영 역(서울: 생명의말씀사, 2009), p.51.

3 김경선, 『찬송가학개론』(서울: 임마누엘, 1992), p.17.

4 James Rawlings Sydnor, *Hymns & Their Uses*(Illinois: Agape, 1982), pp.16-22.

5 데이빗 패스, 『교회음악 신학』, 이석철 역(서울: 요단출판사, 1997), p.162 에서 재인용.

6 William L. Hooper, *Ministry & Musician*(Nashville, Tennessee: Broadman Press, 1986), p.94.

7 김남수, 『찬송의 이해』(대전: 침례신학대학교 출판부, 2011), pp.29-33.

8 Robert H. Mitchell, *Ministry and Music*(Philadelphia: The Westminster Press, 1987), p.27에서 재인용.

9 김남수, 『교회음악의 이해』(대전: 침례신학대학교 출판부, 2016), pp.20-25.

10 케네스 W. 오스벡, 『그 영원한 노래: 교회음악과 예배에 관한 13가지 레슨』, 박희봉 역(서울: 국제제자훈련원, 2010), p.93.

11 김남수, 『교회음악의 이해』, pp.204-212.

12 그레그 시어, 『아트 오브 워십』, 캠퍼스워십팀 & 강명식 역(서울: 도서출판 예수전도단, 2012), p.93.

13 *The Baptist Hymnal,* (Nashville, TN: LifeWay Worship, 2008), p.18.

14 김남수, 『숨겨진 찬송이야기』 (서울: 아가페북스, 2012), pp.154-155.

15 그레그 시어, 『아트 오브 워십』, p.92.

16 그레그 시어, 『아트 오브 워십』, p.91에서 재인용.

17 홍정수, 『교회음악개론』 (서울: 장로회신학대학교 출판부, 1988), p.37.

18 스캇 애니올, 『찬양으로 드리는 예배』, 송금섭 역(서울: 생명의말씀사, 2018), p.78.

19 John Piper, *from sermon on worship*: "Worship is the term we use to cover all the acts of the heart and mind and body that intentionally express the infinite worth of God."

20 Donald P. Hustad, *Jubilate II Church Music in Worship and Renewal*(Carol Stream, Illinois: Hope Publishing Company, 1993), p.105.

21 Bruce H. Leafblad, *Music in Worship*(Texas: Southwestern Baptist Theological Seminary, 1986), pp.112-117.

22 에비 C. 스미스, 『균형잡힌 교회성장』, 이명희 역(대전: 침례신학대학교 출판부, 1997), pp.156-157

23 김남수, 『예배와 음악』, p.368.

24 Donald P. Hustad, p.99.

25 Francis A. Schaeffer, *Art & Bible* (Illinois: InterVarsity, 1973), p.51.

26 Harold M. Best, *Music Through the Eyes of Faith*(San Francisco: A Division of Harper Collins Publishers, 1993), p.147.

27 김남수, 『예배와 음악』, p.223.

28 조숙자, 『한국개신교 찬송가연구』 (서울: 장로회신학대학교 출판부, 2003), p.157.

29 박은규, 『예배의 재발견』 (서울: 대한기독교출판사, 1993), p.313에서 재

인용.

30 David R. Breed, *The history and Use of Hymn and Hymn-Tunes* (New York: Fleming H. Revell Company, 1930), p.345.

31 로버트 웨버, 『예배학』 (서울: 생명의말씀사, 1992), p.159에서 재인용.

32 프랭클린 M.지글러, 『예배학원론』, 정진황 역(서울: 요단출판사, 1993), p.155.

33 김남수, 『예배와 음악』, p.240.

34 샘 스톰스, 『나의 행복 하나님의 기쁨』, 윤종석 역(서울: 가이드포스트, 2002), p.170.

35 존 파이퍼, 『하나님을 기뻐하라』, p.109.

36 김남수, 『예배와 음악』, p.322.

37 김남수, 『교회음악의 이해』, pp.39-42.

38 대학출판부 편, 『대학생을 위한 영성 인성 지성』 (대전: 침례신학대학교 출판부, 2016), p.36.

39 김남수, 『교회음악의 이해』, p.34.

40 김남수, 『교회음악의 이해』, p.36.

41 대학출판부 편, 『대학생을 위한 영성 인성 지성』, p.36.

42 김남수, 『교회음악의 이해』, pp.37-39.

43 Robert H. Mitchell, *Ministry and Music*, pp.69-72.

44 대학출판부 편, p.37.

45 김남수, 『예배와 음악』, pp.350-352.

46 잭 R. 테일러, 『찬양 중에 거하시는 하나님』, 이석철 역(서울: 요단출판사, 1995), pp.125-142.

47 잭 R. 테일러, pp.145-155.

48 스캇 애니올, 『찬양으로 드리는 예배』, p.229에서 재인용.

49 김남수, 『교회음악의 이해』, p.195.

50 김남수, 『교회음악의 이해』, p.195. 웨슬리는 1761년 133곡이 수록된 찬송가책(Select Hymn, 1761)을 만들면서 찬송 부르기에 대한 지침을 첨가했다.

51 Robert H. Mitchell, *Ministry and Music*, p.88.

52 Robert D. Berglund, *Philosophy of Church Music* (Minnesota: Bethel Publication, 1985), p.47.

53 켄 마이어스, 『대중문화는 기독교의 적인가 동지인가?』, 오현미 역(서울: 한국기독학생회 출판부, 1995), p.121.

54 박정관, 『하나님이 찾으시는 참된 예배자』 (서울: 생명의말씀사, 2015), p.157.

55 샘 스톰스, 『나의 행복 하나님의 기쁨』, p.161.

56 김남수, 『교회음악의 이해』, p.158

57 S. Paul Schilling, *The Faith We Sing* (Philadelphia: The Westminster Press, 1983), p.24.

58 김남수, 『예배와 음악』, pp.301-305.

59 Barry Liesch, *The New Worship* (Grand Rapids, Michigan: Baker Books, 2001) p.71.

60 김남수, 『예배와 음악』, p.45.

61 존 파이퍼, 『하나님을 기뻐하라』, p.119.

62 William L. Hooper, *Ministry and Musicians,* 94. Choir sings with the people, for the people, to the people.

63 회중찬송에 대해서는 김남수, 『찬송 데스칸트』(미완성출판사, 2012)를 참고하십시오.

64 김남수, 『교회음악의 이해』, pp.129-141.

65 김남수,『숨겨진 찬송이야기』, p.121.

66 김남수,『찬송의 이해』, p.121.

67 Carl F. Schalk, *Key Words in Church Music* (Mo: Concordia Publishing House, 1978), p.338.

68 홍정수,『교회음악개론』, pp.30-34.

69 조숙자, 조명자,『찬송가학』(서울: 장로회신학대학교 출판부, 1992), pp.90-91.

70 워렌 위어스비,『주여 나를 잘못된 예배에서 구하여 주옵소서』, p.204에서 재인용.

71 김상구, "츠빙글리의 예배 개혁과 그 특징에 관한 고찰"『성경과 신학』제 58권 (2011): p.119에서 재인용. 김상구, "츠빙글리의 예배 개혁과 그 특징에 관한 고찰"『성경과 신학』제58권 (2011): pp.97 - 128.

72 로빈 리버, 조이스 짐머맨,『예배와 음악』, 허정갑, 김혜옥 역(서울: 연세대학교 출판부, 2009), p.331.

73 김상구,『개혁주의 예배론』(서울: 도서출판 대서, 2012), p.261.

74 김상구, "츠빙글리의 예배 개혁과 그 특징에 관한 고찰," p.121에서 재인용.

75 Friedrich Blum, *Protestant Church Music* (New York: W. W. Norton Co, 1974), p.157.

76 홍정수,『교회음악개론』, p.41에서 재인용.

77 김남수,『찬송의 이해』, pp.157-158.

78 Clint Bonner, *A Hymn Is Born* (Nashville, Tennessee: Broadman Press, 1959), pp.8-9.

79 시드니 휴튼,『복음적 개혁신앙의 관점에서 본 기독교 교회사』, 정중은 역 (서울: 나침반사, 1993), p.320.

80 그레그 시어,『아트 오브 워십』, p.91에서 재인용.

81 김남수, 김동녘, 『은혜의 찬송이야기』 (서울: 아가페북스, 2014), pp.242-245.

82 오소운, 『21세기 찬송가 연구』 (서울: 성서원, 2011), p.283.

83 김남수, 『숨겨진 찬송이야기』, pp.100-102, p.136.

84 김남수, 김동녘, 『은혜의 찬송이야기』, pp.38-41.

85 [온라인 자료], Charles Wesley's Radical, Fruitful Risk, http://www.desiringgod.org/articles/charles-wesley-s-radical-fruitful-risk, 2014년 1월 26일 접속.

86 김남수, 『교회음악의 이해』, pp.191-200.

87 Robert H. Mitchell, *I Don't Like That Music* (Carol Stream, IL: Hope Publishing Company, 1993), p.46에서 재인용.

88 7가지로 제시한 제목은 웨슬리가 권면한 것이다. John Wesley, "Directions for Singing" Select Hymns (London, 1761), p.110. 이 찬송가책의 앞부분에는 음악이론에 대한 설명을 첨가했고 이어서 찬송을 편집했다. 현재 미국연합감리교회에서 사용하는 찬송가책의 첫 부분에도 찬송 부르기에 대한 웨슬리의 교훈이 실린다. *The United Methodist Hymnal,* (Nashville: The United Methodist Publishing House, 1989), v.

89 조숙자, 『한국개신교 찬송가 연구』 (서울: 장로회신학대학교 출판부, 2003), p.157.

90 S. Paul Schilling, *The Faith We Sing,* p.24.

91 김남수, 『예배와 음악』, p.311.

92 김남수, 『찬송의 이해』, p.19.

93 김남수, 『숨겨진 찬송이야기』, pp.69-70.

94 김남수, 『숨겨진 찬송이야기』, pp.116-119.

김남수.『교회음악의 이해』. 대전: 침례신학대학교 출판부, 2016.

_____.『예배와 음악』. 대전: 침례신학대학교 출판부, 2013.

_____.『찬송의 이해』. 대전: 침례신학대학교 출판부, 2011.

_____.『숨겨진 찬송이야기』. 서울: 아가페북스, 2012.

_____.『최선의 찬양을 최고의 하나님께』. 서울: 생명의말씀사, 2005.

김남수, 김동녘.『은혜의 찬송이야기』. 서울: 아가페북스, 2014.

김상구.『개혁주의 예배론』. 서울: 도서출판 대서, 2012.

박은규.『예배의 재발견』. 서울: 대한기독교출판사, 1993.

박정관.『하나님이 찾으시는 참된 예배자』. 서울: 생명의말씀사, 2015.

오소운.『21세기 찬송가 연구』. 서울: 성서원, 2011.

조숙자.『한국 개신교 찬송가 연구』. 서울: 장로회신학대학교 출판부, 2003.

홍정수.『교회음악 예배음악 신자들의 찬양』. 서울: 장로회신학대학교 출판부, 2002.

_____.『교회음악개론』. 서울: 장로회신학대학교 출판부, 1988.

그레그 시어. 『아트 오브 워십』. 캠퍼스워십팀 & 강명식 역. 서울: 도서출판 예수전도단, 2012.

로버트 웨버. 『예배학』. 김지찬 역. 서울: 생명의말씀사, 1992.

로빈 리버, 조이스 짐머맨. 『예배와 음악』. 허정갑, 김혜옥 역. 서울: 연세대학교 출판부, 2009.

마크 드리스콜, 게리 브레셔스. 『예수 그리스도』. 소을순 역. 서울: 부흥과개혁사, 2012.

샘 스톰스. 『나의 행복 하나님의 기쁨』. 윤종석 역. 서울: 가이드포스트, 2002.

스캇 애니올. 『건강한 예배를 위하여』. 송금섭 역. 서울: 생명의말씀사, 2018.

_____. 『찬양으로 드리는 예배』. 송금섭 역. 서울: 생명의말씀사, 2018.

에비 스미스. 『균형잡힌 교회성장』. 이명희 역. 대전: 침례신학대학교 출판부, 1997.

잭 R. 테일러. 『찬양 중에 거하시는 하나님』. 이석철 역. 서울: 요단출판사, 1995.

존 파이퍼. 『하나님을 기뻐하라』. 박대영 역. 서울: 생명의말씀사, 2009.

케네스 W. 오스벡. 『그 영원한 노래: 교회음악과 예배에 관한 13가지 레슨』. 박희봉 역. 서울: 국제제자훈련원, 2010.

켄 마이어스. 『대중문화는 기독교의 적인가 동지인가?』. 오현미 역. 서울: 한국기독학생회 출판부, 1995.

·····················

Best, Harold M. *Music through the Eyes of Faith*. NY: Harper Collins Publishers, 1993.

Bonner, Clint. *A Hymn Is Born*. Nashville, Tennessee: Broadman Press, 1959.

Hooper, William L. *Ministry & Musician*. Nashville, Tennessee: Broadman

Press, 1986.

Hustad, Donald P. *Jubilate II: Church Music in Worship and Renewal.* Illinois: Hope Publishing Company, 1993.

Leafblad, Bruce H. *Music in Worship.* Texas: Southwestern Baptist Theological Seminary, 1986.

Liesch, Barry. *The New Worship.* Grand Rapids, Michigan: Baker Books, 2001.

Lovelace, Austin C. & Rice, William C. *Music and Worship in the Church.* Nashville, Tennessee: Abingdon Press, 1990.

Mitchell, Robert H. *Ministry and Music.* Philadelphia: The Westminster Press, 1987.

_____. *I Don't Like That Music.* Carol Stream, IL: Hope Publishing Company, 1993.

Morgan, Robert J. *Then Sings my Soul.* Nashville, Tennessee: Thomas Nelson, 2003.

Music, David W. & Price, Milburn. *A Survey of Christian Hymnody.* Illinois: Hope Publishing Company, 1999.

Pass, Davis B. *Music and the Church.* Nashville, Tennessee: Broadman Press, 1989.

Routley, Erik. *Church Music and the Christian Faith.* Illinois: Agape, 1978.

Schilling, S. Paul. *The Faith We Sing.* Philadelphia: The Westminster Press, 1983.

Stapert, Calvin R. *A New Song for an Old World: Musical Thought in the Early Church.* Grand Rapids, MI: William B. Eerdmans Publishing Company, 2007.

예배자가 알아야 할 찬양의 모든 것

초판 1쇄 발행   2019년 9월 3일
초판 5쇄 발행   2024년 7월 16일

지은이   김남수

펴낸이   곽성종
책임편집   방재경
디자인   투에스북디자인

펴낸곳   (주)아가페출판사
등록   제21-754호(1995. 4. 12)
주소   (08806) 서울시 관악구 남부순환로 2082-33(남현동)
전화   584-4835(본사) 522-5148(편집부)
팩스   586-3078(본사) 586-3088(편집부)
홈페이지   www.agape25.com
판권   ⓒ 김남수 2019
ISBN   979-11-89225-19-3 (03230)

서지정보유통지원시스템 홈페이지(http://seoji.nl.go.kr)와
국가자료공동목록시스템(http://www.nl.go.kr/kolisnet)에서
이용하실 수 있습니다.
(CIP제어번호: CIP2019032484)

아가페 출판사